In copertina:

Ipogeo di Lucina
pesce con le specie eucaristiche
affresco sec. III.

L. HERTLING S.I. − E. KIRSCHBAUM S.I.

LE CATACOMBE ROMANE E I LORO MARTIRI

Quinta ristampa

EDITRICE PONTIFICIA UNIVERSITÀ GREGORIANA
ROMA 1996

1949 – *Prima edizione e tre ristampe*
1992 – *Quarta ristampa*
1996 – *Quinta ristampa*

IMPRIMI POTEST

Romae, die 10 maii 1949

R. P. PAULUS DEZZA, S.J.
Rector Universitatis

IMPRIMATUR

Ex Vicariatus Urbis, die 30 maii 1949

+ A. TRAGLIA

Archiep. Caesarien., Vic. gen.

© E.P.U.G. - ROMA - 1996
ISBN 88-7652-321-9

EDITRICE PONTIFICIA UNIVERSITÀ GREGORIANA
Piazza della Pilotta, 35 - 00187 Roma, Italia

PREFAZIONE

I due gesuiti tedeschi, Ludwig Hertling (1895-1980) ed Engelbert Kirschbaum (1902-1970) sono stati molto apprezzati come studiosi e molto amati dai loro studenti. Il primo è tuttora ricordato soprattutto per il suo lavoro Communio. Chiesa e primato nell'antichità cristiana *(1961). Il secondo ha legato il suo nome agli scavi sulla tomba di S. Pietro (1940-1950) ai quali ha contribuito in modo decisivo insieme ad altri tre archeologi, con risultati di grande importanza nel determinare con sicurezza che proprio sotto l'altar maggiore della basilica di S. Pietro fin dalla seconda metà del primo secolo esisteva la tomba dell'apostolo, oggetto di speciale venerazione. Egli stesso ha riassunto l'esito delle lunghe ricerche in un volume in tedesco che ha raggiunto dopo la sua morte la terza edizione.*

Fra i lavori minori dei due professori incontriamo questo libro, redatto nel 1942, uscito nel 1949, tradotto subito in tedesco e in inglese. Appaiono in queste pagine le caratteristiche tipiche dei due cultori di storia antica della Chiesa: padronanza della materia, chiarezza nell'esposizione, vivace, elegante, che attira subito il lettore, anche il meno preparato. Certamente il libro risente della data in cui è stato composto, una cinquantina d'anni fa. Il terzo capitolo, Le tombe dei papi, *andrebbe rifatto in lungo e in largo, tenendo presente i risultati degli scavi condotti proprio dal Kirschbaum in S. Pietro. Gli altri capitoli restano validissimi, ma potrebbero essere aggiornati e arricchiti in molti particolari, tenendo conto dell'ingente mole di pubblicazioni che si sono succedute sullo stesso argomento in questo lasso di tempo (ricordo solo rapidamente gli studi del Testini, recentemente scomparso, di J. Janssens, della Cavalcanti non come archeologa, ma per il contributo al libro* La spiritualità della vita quotidiana negli scritti dei padri*). Ma il restauro di un'opera è un lavoro lungo, delicato, che rischia di rovinare quanto è stato già compiuto in modo più che dignitoso. Il meglio è nemico del bene. E allora (dopo vani tentativi fatti qua e là presso specialisti, che non hanno voluto mettere le mani in un'opera fatta da altri) è sembrato preferibile una ristampa immutata del lavoro, che si legge sempre volentieri, con vero gusto, e che ci fa toccare con mano la vita concreta, la mentalità, i problemi dei cristiani romani dei primi tre-quattro secoli (per molti aspetti analoghi a quelli dei cristiani occidentali e orientali del loro tempo).*

Il libro può essere utile agli studenti delle facoltà e degli istituti teologici (dove la storia occupa purtroppo uno spazio ristretto), a quanti frequentano gli istituti di scienze religiose che si stanno moltiplicando in Italia, ma anche a quanti, laici ed ecclesiastici, vogliono arricchire la loro cultura, e non hanno il tempo e la preparazione necessaria per affrontare lavori altamente specializzati, di carattere strettamente scientifico.

GIACOMO MARTINA S.I.

Roma, Pontificia Università Gregoriana,
gennaio 1992.

INTRODUZIONE

Quando si accompagna un amico a visitare le antichità romane, giunti al Colosseo accade talvolta di sentirsi rivolgere con tutta serietà la domanda dove si trovava la tribuna imperiale dalla quale Nerone assisteva allo spettacolo crudele del supplizio dei martiri. Se la domanda è ingenua, in quanto Nerone era morto da anni quando il Colosseo fu inaugurato con grandi spettacoli dall'imperatore Tito, è nondimeno scusabile. Così non saremmo eccessivamente meravigliati se, ad esempio, visitando con un nostro amico il Foro Romano egli non fosse in grado di riconoscere quali colonne poggiano ancor oggi sulle basi su cui furono poste dagli architetti romani, quali invece sono state rialzate e ricomposte; nè gli faremmo una colpa se in qualche costruzione non sapesse distinguere la parte originale da quella che è stata ricostruita dagli archeologi. Si può infatti gustare il fascino delle rovine romane senza essere un uomo di scienza, come si può essere una persona colta senza essere un archeologo.

Tutto ciò è vero. Ma tale mancanza di cognizioni, tale impossibilità di apprezzamento è pure da lamentarsi, perchè soltanto a chi ne è fornito le rovine possono parlare con efficacia e comunicargli quel vivo senso della realtà, che solo è capace di appagare completamente.

Si può gustare artisticamente una statua pure senza sapere se sia opera di Lisippo o del Canova, come pure si può provare una profonda impressione dallo svolgersi della Via Sacra senza pensare che anche Orazio vi passeggiava meditabondo quando incontrò il dannato seccatore. Si tratterà però semplicemente di un godimento superficiale, sebbene non disprezzabile, cui hanno dato occasione la statua e la via. Ma se vogliamo cogliere e sentire tutta la espressione, tutta l'efficacia che una rovina, e una antica città dissepolta possono esercitare sulla mente e sul cuore, allora dobbiamo avvicinarci ad esse con un minimo corredo di cognizioni storiche ed archeologiche che ci introducano, ci avvicinino, ci facciano comprendere la muta eloquenza di quegli avanzi che sono testimoni d'una civiltà scomparsa. Solo allora intenderemo e gusteremo, perchè solo allora ci sembrerà di vivere con gli uomini che abitarono lavorando e soffrendo le città millenarie; e il gusto sarà impagabile.

Un fatto analogo si verifica per le catacombe romane. Esse sono così caratteristiche e vive che anche il visitatore meno colto si sente trasportato a rivivere in qualche modo coi primi cristiani. Ma proprio nelle catacombe la mancanza di una preparazione gli potrà essere più dannosa. Se poco o nulla conosce di esse e del loro mondo, ascolterà la spiegazione che gli vien fornita mezzo stupito e mezzo dubbioso, provando più o meno gli stessi sentimenti che gli possono nascere alla visita della Tomba di Virgilio a Napoli, della tomba di Giulietta e Romeo a Verona e del sepolcro del Barbarossa nel Kyffhäuser. Anzi, le inesatte conoscenze che porterà con sè gli potranno procurare dolorose sorprese.

Un giorno, durante la visita ad una Catacomba, mentre passavamo davanti ad un loculo aperto in cui si potevano ancora vedere ossa di un defunto, un signore mi domandò: « Ma tutte queste ossa sono reliquie di Martiri? e sono anche vere? » Infatti le ossa sono verissime, non sono però di martiri. Ma la domanda è significativa per esprimere lo stato di animo di molti. Si scende spesso negli antichi cimiteri con un corredo di notizie di un acceso romanticismo sui martiri e sul martirio, ed insieme con la vaga idea che tutto sia un po' leggendario, più o meno come la storia della lupa di Romolo e Remo e degli eroi di Omero.

Vi son persino di quelli che hanno quasi paura della critica scientifica, come se distruggesse la devozione. Ma si sbagliano. Soltanto una soda critica ci fornisce, non solo quell'inapprezzabile contatto con la realtà antica, ma anche la base per una vera devozione. Gli oggetti della nostra devozione non debbono essere fantasie e sogni, ma cose reali.

Per colui che cerca questa realtà e questo contatto coll'antichità cristiana, abbiamo steso queste pagine. Abbiamo voluto dargli poche ma sicure notizie, che saranno sufficienti a formargli delle idee esatte sui risultati delle ricerche scientifiche, ma a mostrargli, senza seppellirlo sotto una valanga di apparato critico, di citazioni latine e greche, il metodo con cui sono condotti questi studi storici. Abbiamo rinunziato all'esteriorità di una pedantesca lezione da studiosi per essere in certo modo come l'amico versato nella materia che in una amabile e intima conversazione fa parte a chi si interessa dei risultati dei suoi studi. Tutta la sostanza quindi della solida ricerca scientifica, senza indigesta pesantezza, con quel minimo di citazioni e di prove necessarie per mostrargli che non abbiamo mai abbandonato la realtà per la fantasia.

Se queste pagine indurranno il lettore che ha visitato e visiterà un giorno le Catacombe ad entrare in più intima comunione di animo con i nostri antichi fratelli, e sentirsi veramente a contatto con i generosi campioni della Fede, a comprendere più completamente lo spirito genuino della Chiesa antica che in nessun luogo si fa sentire con più efficacia come a Roma, allora saremo soddisfatti di averle stese, ed esse avranno raggiunto il loro scopo.

SPIEGAZIONE DELLE ILLUSTRAZIONI

Le illustrazioni sono prese in massima parte dalle collezioni dell'ill.mo Prof. Enrico Josi, al quale rinnoviamo da queste pagine i nostri ringraziamenti.

1. Colonna rinvenuta nella Basilica dei SS. Nereo ed Achilleo nella catacomba di Domitilla, rappresentante il martirio di Achilleo. Il martire ha le mani legate, il boia alza la spada per decapitarlo. Sopra il nome ACILLEUS. In fondo una croce con corona, simbolo della vittoria.

2. Ricostruzione plastica dell'antica Basilica Apostolorum (S. Sebastiano) sulla Via Appia. Sotto l'abside si trovano avanzi di una casa romana. Nella più bassa delle quattro piccole cappelle si legge il graffito Domus Petri.

3. Particolare del bellissimo sarcofago del Giunio Basso († 359) nelle Grotte di S. Pietro: L'apostolo Paolo viene condotto al martirio.

4. Affresco della cripta dei bottai nel cimitero di Priscilla. Le associazioni e collegi degli artigiani possedevano sepolcreti in cui i membri potevano seppellire i loro morti. -I graffiti al di sopra dell'immagine sono di visitatori moderni. Perfino celebri archeologi, come nel nostro quadro Antonio Bosio († 1629), hanno contribuito così a guastare i monumenti. L'unica firma di De Rossi è pure qui.

5. Epitaffio di un pescivendolo: Giulio Mario Silvano e Giulia Martina (sua moglie) da vivi si sono fatti (questo sepolcro) affinché vivano in Dio (Pietro e Marcellino).

6. L'adorazione dei Magi. Il Bambino ha preso in mano una corona d'oro offertagli dal primo dei Magi. Corone d'oro erano il tributo solito ad offrirsi agli imperatori, quando visitavano una città. Dietro alla Madonna la Croce, simbolismo eccezionale in questa scena così familiare nell'arte paleocristiana. (Da un sarcofago recentemente trovato negli scavi sotto S. Pietro, della metà del sec. IV).

7. Vetro d'oro ritrovato nelle catacombe di S. Panfilo. È rappresentato il Buon Pastore. Intorno si legge: Sabina bibe (= vive) in pace cum Florentino.

8. Sarcofago del Museo Lateranense (171) del 340 incirca. Vediamo da sinistra a destra rappresentate le seguenti scene: Il Cireneo porta la croce di Cristo, l'incoronazione di spine, la risurrezione (simbolica), Cristo davanti a Pilato. Notevole la trasformazione della passione del Signore in senso di trionfo.

9. Antichissima volta delle cosiddette cripte di Lucina in S. Callisto. Sistema decorativo geometrico con varie figure: in mezzo Daniele, intorno le quattro stagioni e negli angoli si alternano il Buon Pastore con l'Orante.

10. Particolare del sarcofago di Flavius Catervus e sua moglie Septimia Severina, ambedue di rango senatorio. Si vedono i due coniugi nell'atto della «dextrarum iunctio» e sopra di loro la corona colla mano del Signore. Una iscrizione dice: Quos paribus meritis iunxit matrimonio dulci omnipotens Dominus. (Cattedrale di Tolentino, anno 379).

1. Colonna col martirio di S. Achilleo.

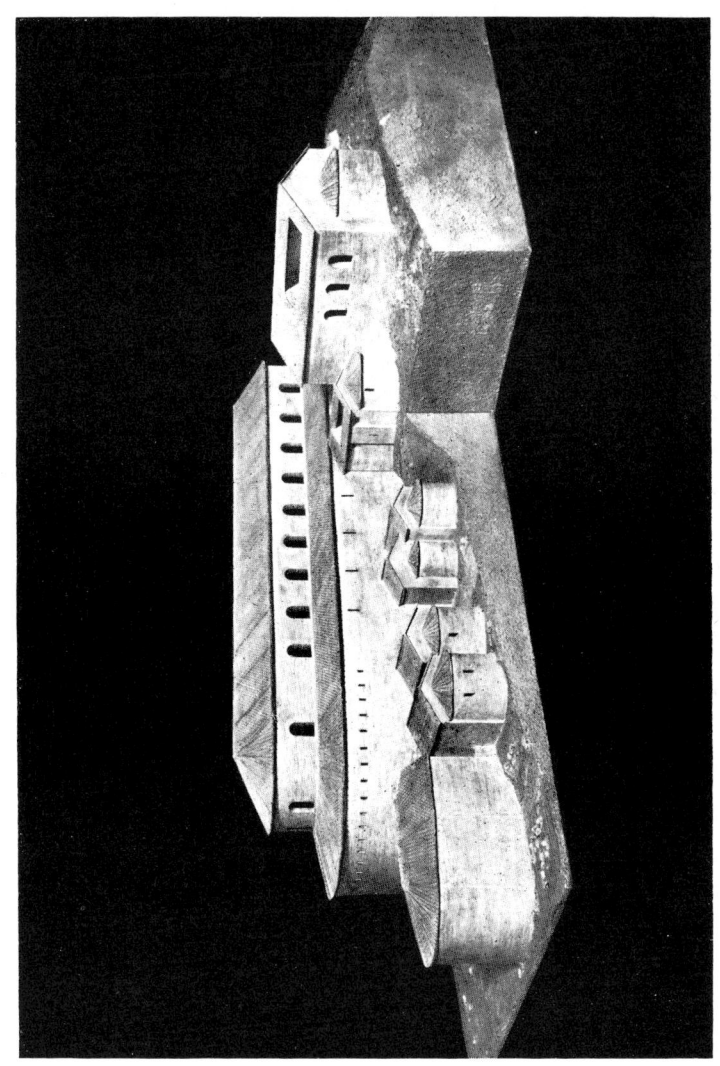

2. Ricostruzione della « basilica Apostolorum » sulla Via Appia.

3. S. Paolo condotto al martirio.

4. Affresco dei bottai.

5. Iscrizione di un pescivendolo.

6. L'adorazione dei Magi.

7. Vetro d'oro.

8. Sarcofago della Passione.

9. Decorazione di volta.

10. Particolare del Sarcofago di Catervio.

I

L' ESPLORAZIONE DELLE CATACOMBE

Le catacombe romane, sotto l'aspetto scientifico, non sono altro che città di scavo, precisamente come Pompei, Ercolano, Ostia, le città antiche sepolte sotto i Tell palestinesi e mesopotamici.

La nostra scienza dell'umanità relativa ai tempi passati si fonda su due categorie di testimonianze: quelle scritte, come testi primitivi originari, lettere e qualsiasi narrazione di vera storia, e quelle monumentali, come per esempio resti di costruzioni. Quanto più andiamo indietro nella storia del genere umano, tanto più si rarefanno i documenti scritti: la storia delle antiche civiltà e dell'alta cultura egizia e sumero-babilonese-assira è ricavata in massima parte dagli scavi. Lo stesso si può dire, anzi a più forte ragione, per quanto si riferisce ai tempi preistorici.

Per la cosidetta antichità classica, cioè per il millennio che va dal 500 a. C. al 500 d. C., abbiamo tutte e due i tipi di testimonianza, ossia copiose fonti scritte, in parte di « classica » perfezione, e moltissimi resti monumentali, che non solo possiamo ricostruire nei suoi particolari lo svolgersi degli avvenimenti di quei tempi, ma formarci anche un quadro quasi completo della cultura e della vita privata delle famiglie, anzi fin delle vicende e delle avventure di talune singole persone, che pur non si son fatte un gran nome nella storia.

Per l'epoca cristiana, che comincia alla metà di quel millennio e quasi contemporaneamente con l'epoca imperiale di Roma, abbiamo parimenti entrambe le fonti: gli scritti dei Padri della Chiesa rimasticci in maggior quantità che non quelli dei classici, ed i monumenti rimessi in luce dagli scavi archeologici. Tra questi ultimi le catacombe romane stanno al primo posto. Benchè assai meno ricche di cimeli artistici che non Pompei, tuttavia superano la città vesuviana per il gran numero d'iscrizioni, che ci mettono in relazione diretta con persone ed avvenimenti storici. Pompei è per la storia dell'Impero romano un'appendice utile, ma casuale e marginale; le catacombe di Roma invece sono centrali e di capitale importanza per chiunque voglia conoscere la storia dell'antichità cristiana.

Senza dubbio è occorso un lungo periodo di tempo prima che i loro tesori, unici nel loro genere in tutto il mondo, siano stati trovati, vagliati, compresi e resi accessibili.

Durante tutto il Medioevo le catacombe non erano conosciute. Si visitavano le celebri chiese sepolcrali fuori delle mura della città, si sapeva anche che sotto alcune di esse, in special modo a S. Sebastiano, a S. Pancrazio ed a S. Agnese vi erano degli ambulacri con loculi sepolcrali; ma di questi non ci si interessava. Talora qualche abitatore della campagna romana vi sarà sceso attraverso a qualche lucernario o a qualche anfratto apertosi sui corridoi cimiteriali, ma solo per prendervi lastre di marmo levigate che potevano servire per tanti usi. Talune di queste lastre hanno compiuto delle vere peregrinazioni. Così ad esempio recentemente si sono trovati dei pezzi dell'iscrizione tombale, che il papa San Damaso compose per il martire Ippolito nel suo cimitero sulla Via Tiburtina: spezzata e ridotta in frantumi l'epigrafe fu utilizzata per pavimentare la Basilica Lateranense.

Nel secolo XV abbiamo qualche traccia isolata di peregrini devoti, i quali scesero nelle cavità, allora ancor del tutto inesplorate, e vi si eternarono con delle iscrizioni sulle pareti (graffiti). La più antica di esse risale all'anno 1432 e si trova nelle catacombe di S. Callisto. Vennero poi i soci dell'« Accademia Romana », con a capo Pompònio Leto, che di proposito scesero nelle catacombe per farvi ricerche di oggetti artistici dell'antichità; ma la loro aspettazione fu delusa. Nei loro dotti scritti non fanno alcun cenno di questi loro tentativi mancati, benchè le loro firme in graffiti mostrino chiaramente come a questi celebri umanisti paganeggianti le antichità cristiane non fossero del tutto ignote. Traccie di simili visite avvenute nel 15° secolo si trovano nei Cimiteri di Callisto, di Pretestato, di Priscilla e di Pietro e Marcellino.

Un vero interesse per le catacombe sorse agli inizi del XVI secolo, al tempo della Riforma. San Filippo Neri, « l'apostolo di Roma », amava le catacombe, di cui conosceva solo quelle sotto S. Sebastiano, nelle quali vi passava spesso lunghe ore in meditazione solitaria e vi conduceva anche i suoi discepoli. Pur non essendo un dotto egli intuì subito il grande valore e tutta l'importanza dello studio delle antichità cristiane.

Nello stesso periodo di tempo il famoso agostiniano Onofrio Panvinio intraprese dei seri e profondi studi di archeologia cristiana e di topografia romana. Fra i suoi lavori particolarmente notevole e del tutto personale è quello pubblicato nel 1568 sugli antichi cimiteri: ne elencò ben 43 traendone il nome da martirologi e da altre fonti letterarie. Soltanto di pochi però conobbe l'ubicazione e cioè di quelli di S. Sebastiano, di Ciriaca e di S. Valentino [1].

Così gli animi erano andati man mano preparandosi, finchè nel Giugno 1578 avvenne la prima vera grande scoperta nel campo delle catacombe. Per puro caso alcuni operai che stavano lavorando ad una cava di pozzolana fuori Porta Salaria, pervennero ad un cimitero ottimamente conservato con molti ambulacri a più piani, con numerosissimi affreschi e iscrizioni. Tutta Roma ne fu subito commossa ed emozionata; Cardinali e studiosi si affrettarono a scendere in quegli ambulacri per esaminare le meraviglie di quel nuovo mondo messo alla luce.

---

[1] Pastor, *Storia dei Papi*. IX cap. 4, p. 192.

Tra i primi vi fu il Card. Baronio, che subito valutò la grande importanza scientifica della scoperta. Anche il papa Gregorio XIII s'interessò vivamente della cosa. Dappertutto si cominciarono a visitare ed a studiare quei cunicoli sotterranei intorno alla città fino allora trascurati e quasi ignorati.

Uno dei più diligenti scopritori di quell'età fu Antonio Bosio, il quale guidato dal romano Pompeo Ugonio, con diligenza meravigliosa notava e faceva schizzi di quanto trovava nelle sue perlustrazioni sotterranee. Ancor oggi il suo nome lo troviamo scritto a grosse lettere sulle pareti, sulle volte e negli angoli più diversi delle catacombe. I frutti delle sue lunghe ricerche, protratte per anni, e che gli valsero il nome di « Colombo delle catacombe », furono raccolti nella sua nota opera « Roma sotterranea », data però alle stampe solo nel 1629 dopo la sua morte.

Se quell'età non mancava di entusiasmo e di diligenza di ricerche, lasciava però molto a desiderare quanto al metodico sfruttamento delle nuove scoperte. Mancavano a ciò i presupposti scientifici, e si cercavano dalle catacombe soluzioni per questioni, che le catacombe, data la loro natura, non potevano dare. In primo luogo vi era quì l'interesse teologico-apologetico: dai ritrovamenti delle catacombe si voleva dimostrare contro i nuovi riformatori che essi ingiustamente si richiamavano all'insegnamento della Chiesa primitiva, dato che tra l'antico insegnamento e quello d'allora si vedeva una piena conformità. Ora è certo che questa prova si può realmente portare; ma è molto più difficile e molto meno alla mano di quanto a prima vista ci si immaginava. Le catacombe infatti non sono altro che cimiteri, e tra tanti ornamenti tombali e tra tante iscrizioni non si può ricostruire tutto un catechismo ed una dogmatica. Si sentì questa mancanza ed allora ci si aiutò con la teoria di una « Disciplina dell'arcano », che avrebbe impedito agli antichi cristiani, di esprimere con figure o in scritti parecchi punti della loro dottrina. Tutto questo era congiunto con un altro errore: si supponeva cioè che tutte le catacombe con tutto ciò che contenevano risalissero all'epoca delle persecuzioni, mentre in realtà la stragrande maggioranza delle tombe e delle iscrizioni appartiene al periodo della pace ed è da ascrivere ai secoli quarto e quinto. L'entusiasmo per i « martiri » non solo dominava il grosso pubblico, ma anche la classe dei ricercatori, cosicchè dappertutto, anche nelle cose più indifferenti, si credeva di poter scorgere una relazione con le persecuzioni ed i martiri. Così il frequente ornamento di rami di palma sulle lastre tombali veniva senz'altro interpretato come segno del martirio; perfino il monogramma di Cristo XP, che si trova spessissimo ed è un segno quasi certo per datare un monumento all'epoca successiva al 313, si voleva decifrare come « passus pro Christo ». I numerosi resti di vetro, rinvenuti nelle tombe, fossero essi piccole fiale e semplici frammenti infissi all'esterno nell'intonaco ancor fresco, si credeva che fossero delle ampolle nelle quali sarebbe stato conservato il sangue degli eroi della Fede e si vedeva perciò in essi un segno di martirio. Oggi invece si ritiene che si tratti in parte di balsamari, in parte di coppe usate nei banchetti funebri e poi applicati all'esterno delle tombe come richiami o segni di riconoscimento.

Questa romantica del martirio impedì un netto lavoro scientifico e nello stesso tempo generò un quadro tutto falso della storia dei primi secoli cristiani. Dal momento che tutto veniva posto in relazione con le persecuzioni, si giunse all'idea che le catacombe fossero luoghi di rifugio per i cristiani nel tempo delle persecuzioni; là perciò si sarebbero svolti tutti gli uffici liturgici, e parecchi vi avrebbero collocata addirittura la propria abitazione. Tali fantasie furono nutrite dalle antiche leggende dei martiri, venuti in sempre maggior onore con la scoperta delle catacombe. Nella leggenda di Santa Susanna si racconta del papa Caio che per anni intieri vi avrebbe predicato, battezzato, e tenuto anche dei concilii, mentre in realtà ai tempi del papa Caio (283-296) non si ebbe nessuna persecuzione.

Inoltre faceva difetto un sano criterio storico. Da un lato ci si immaginava la comunità cristiana così piccola da potersi radunare in ambienti, i più spaziosi dei quali non arrivano alla grandezza di una camera d'abitazione; dall'altro si era dell'opinione che nella stessa comunità vi fossero centinaia di migliaia di martiri. Di fatto la comunità cristiana di Roma ai tempi della persecuzione di Diocleziano doveva contare tra 50000 e 100000 fedeli, dei quali la grande maggioranza sopravvisse alla persecuzione.

Ciò nonostante il lavoro dell'investigatore delle catacombe del secolo 17. e 18. non è stato privo di valore. Se in ogni scienza sono, in un certo senso, naturali dei passi falsi, finchè non si trovi il vero metodo e non si arrivi a veri risultati, bisogna pur riconoscere che quei dotti hanno conservato nelle loro opere molto prezioso materiale che altrimenti sarebbe andato perduto. Essi erano anzitutto dei raccoglitori. Copiavano scene figurali ed iscrizioni, proprio come i loro colleghi che s'interessavano d'archeologia profana, e hanno così salvato, almeno in copie, molti elementi, che nel frattempo sono andati distrutti o perduti. Disgraziatamente però non sempre si accontentarono di trascrivere e di copiare, ma fecero scomparire gli oggetti in musei e in collezioni private. In questo modo, parecchie cose andarono distrutte, come p. es. l'interessante rappresentazione del fossore Diogene nel Cimitero di Domitilla, frantumata nel tentativo di staccarla dalla parete; molte altre poi perdettero del loro valore scientifico, per non conoscerne più la provenienza.

Questo inconveniente del resto non fu proprio dei soli studiosi delle catacombe. Anche a Pompei e ad Ercolano, a Villa Adriana ed alle terme di Caracalla, dappertutto insomma, le cose più belle sono state depredate. Ma per le opere d'arte il danno non è così grave come per le iscrizioni. Queste infatti derivano spesso il loro valore appunto dal trovarsi in quel determinato luogo o almeno dalla conoscenza esatta del posto in cui furono originariamente collocate. In genere si può affermare che le ricerche dei primi studiosi e dei primi esploratori delle catacombe non portarono alle antiche necropoli sotterranee di Roma meno danni di quanti non ne abbiano apportati il dente demolitore del tempo o le orde devastatrici dei barbari. Soltanto verso la metà del XIX secolo si verificò un vero miglioramento in questo campo.

Il nuovo movimento, che portò alla vera scoperta delle catacombe nel senso scientifico della parola, è legato a due nomi: a quelli del P. Giuseppe Marchi S. J. e di Giovanni Battista De Rossi. Il P. Marchi fu l'iniziatore ed il pioniere, De Rossi il seguace e compitore dell'opera.

Era l'anno 1849, quando l'allora ventisettenne De Rossi, frugando tra le macerie scoprì un frammento di una lastra marmorea con alcune lettere di un'antica iscrizione: ... NELIVS MARTYR. Ciò avvenne in una vigna di quel terreno posto all'angolo tra la Via Appia e la Strada delle Sette Chiese, a circa un'ora fuori di città. In questa vigna sorgeva una vecchia chiesetta da lungo tempo abbandonata, dedicata un tempo alla memoria del Papa martire Sisto, ma che allora serviva soltanto a custodire gli ortaggi. In questo ambiente il De Rossi rinvenne appunto quel piccolo frammento di marmo. Dotato di grande ingegno e di intuito non comune, egli completò in questo modo le lettere mancanti: CorNELIVS MARTYR. Ma non si appagò di questo felice supplemento, giacchè, ritenendo giustamente che tale iscrizione, al pari di tante altre che si rinvengono nella campagna romana, non dovesse essere stata trasportata troppo lungi dal luogo originario, pensò che la tomba del martire in questione dovesse ricercarsi nelle vicinanze.

Il De Rossi sapeva di aver scoperto la sua lastra di marmo nel terreno soprastante ad un cimitero fino allora inesplorato, giacchè proprio nel terreno vicino alla vecchia cappella di Sisto si apriva un lucernario, che portava a un gruppo di gallerie sotterranee. Di più sapeva da antichi dati topografici, che il papa Cornelio era stato sepolto nelle vicinanze o in una parte dell'allora non ancor identificato cimitero di San Callisto. Concluse perciò d'aver trovato questo cimitero e pensò che sarebbe riuscito a rintracciarvi anche le tombe degli altri papi del terzo secolo, che notizie sicure delle fonti antiche localizzavano proprio in quella zona. A tale scopo era anzitutto necessario acquistare il terreno, sotto il quale si trovavano quegli ambulacri. Il De Rossi si recò da Pio IX, da poco di nuovo tornato a Roma, gli parlò delle sue scoperte e delle sue speranze, e lo pregò di comprare la vigna. Pio IX, da buon italiano propenso allo scherzo ed alla burla innocente, si mostrò poco propenso alla cosa. Dopo l'udienza disse a Mons. de Merode: « Ho cacciato via De Rossi come un gatto frustato, tuttavia comprerò la vigna ».

Così fu fatto. Il De Rossi potè allora senza impedimenti iniziare gli scavi ideati e le sue previsioni si rivelarono esatte. Non solo trovò un sepolcro sotterraneo presso cui era il resto dell'iscrizione che aveva supplito — sicchè nella sua forma completa divenne CORNELIVS MARTYR EP(iscopus) — ma scoprì appunto anche le tombe degli altri Papi.

Ora fu il Papa stesso a voler vedere la scoperta. Prima della visita mentre faceva colazione alla villa dei Cavalieri di Malta sull'Aventino disse per celia ai circostanti in maniera che il De Rossi presente potesse sentirlo: « Gli archeologi sono sognatori e poeti, e fantasticano tante cose, che il comune de' mortali neanche arriva a capire ».

Durante la visita della regione sotterranea il Papa fu profondamente commosso. Egli stesso mise insieme con il De Rossi i frammenti delle iscrizioni dei papi del terzo secolo ivi ritrovate, e con le lacrime agli occhi domandò: sono dunque queste veramente le lapidi sepolcrali de' miei predecessori che qui riposarono? — Il De Rossi non seppe tenersi dal contracambiare al papa la piccola malignità di prima, e gli disse: « Ma sono tutti sogni, Padre Santo, sono tutti sogni! » — al che Pio IX rispose: « Oh! Come siete cattivo, De Rossi! »[2].

Il sepolcro dei Papi in San Callisto se fu una soltanto delle tante scoperte compiute dal De Rossi nella sua lunga attività di ricercatore, fu certo la più importante. Essa però fu dovuta non solo alla fortuna dello scopritore, ma anche all'aver egli trovato il giusto metodo per l'esplorazione delle catacombe.

---

[2] P. M BAUMGARTEN, *G. B. De Rossi* (versione dal tedesco del P. Bonavenia d. C. d. G. Roma 1892, p. 44).

Il De Rossi partì dal principio che per un lavoro sistematico ed ordinato bisogna cominciare dallo studio accurato delle informazioni e dei dati che si hanno negli scritti dell'antichità. Una gran serie di tali scritti era conosciuta da lungo tempo, ma non se ne era saputo mai apprezzare abbastanza il valore. Esistevano infatti molte relazioni **scritte da antichi pellegrini a modo di guide primitive**. In esse molto è scarto e favoloso, il latino è barbaro, ma le indicazioni dei luoghi sono in generale precise. Difatti esse vennero compilate in un'epoca in cui le tombe generalmente non erano ancora state toccate e le iscrizioni si trovavano ancora sul posto ed erano quindi leggibili. **Non meno preziose di questi cosidetti « Itinerari » sono le indicazioni di luoghi contenute negli antichi calendari.** Di essi il più antico rimonta al 354, ad un'età dunque, nella quale vivevano ancora molti che avevan visto la persecuzione di Diocleziano. Inoltre si aggiungano le poetiche dediche ed iscrizioni in versi con cui il papa Damaso (366-384) ornò molte tombe di martiri. Alcune lapidi con le epigrafi da lui dettate sono giunte sino a noi e sono facilmente riconoscibili dalla caratteristica elegante forma delle lettere, opera del calligrafo Furio Dionisio Filocalo che si proclama appunto « Damasi cultor et amator ». La maggior parte di queste iscrizioni però, che furono ricopiate nella più alta antichità, ci è stata conservata nei manoscritti medioevali. Ebbene, anche da queste possiamo ricavare molti dati precisi su personaggi e località.

Un documento singolare è il cosidetto Papiro di Monza del tempo di San Gregorio Magno (590-604). La regina dei Longobardi Teodolinda aveva pregato il Papa di volerle mandare il maggior numero possibile di reliquie di martiri romani. Gregorio rispose che non poteva inviare vere reliquie, perchè a Roma le tombe dei martiri non venivano mai aperte. Le avrebbe mandato però altri ricordi, che i fedeli erano soliti conservare al posto delle reliquie, cioè olio delle lampade, che ardevano dinanzi ai loro sepolcri, come ancor oggi in S. Pietro e S. Paolo. La lista degli olei tolti da tali tombe dei martiri con l'indicazione del cimitero in cui si trovavano è conservata nel suo originale e si trova nel tesoro del Duomo di Monza. Si conservano anche alcune di quelle fialette per l'olio con le rispettive etichette. Anche da ciò si traggono dati topografici riguardanti le tombe romane dei martiri.

Infine indicazioni di valore le troviamo anche nelle Leggende dei martiri. Ancorchè in esse vi siano molte narrazioni favolose, tuttavia è certo che a volte i loro autori, che vissero nel 6. o nel 7. secolo, ebbero dinanzi agli occhi i luoghi da loro descritti.

Da tutto questo diverso materiale si può con una certa approssimazione ricostruire lo stato dei cimiteri dell'antichità cristiana, e dire quali tombe venivano mostrate ed onorate come appartenenti a martiri. Basandosi su questi dati il De Rossi aveva concluso dall'iscrizione di Cornelio di aver trovato il cimitero di Callisto e che là avrebbe rintracciato anche i sepolcri di altri papi. In questa stessa maniera oggi conosciamo anche noi con sicurezza tutti gli antichi cimiteri. Neppur uno di essi è del tutto scomparso e solo il cimitero ad *Clivum Cucumeris* non è stato ancora trovato, benchè se ne conosca almeno con una certa approssimazione la località presso la Via Salaria.

Un altro passo avanti nel metodo scientifico fu compiuto con la determinazione delle date. A tale scopo l'unico criterio sicuro è fornito dalle iscrizioni con la data di un consolato. Non essendo esse molto numerose, è tanto più da deplorare la loro rimozione, giacchè quando di una di tali iscrizioni si conosce la collocazione originaria si può dedurne anche l'età della parte del cimitero in cui essa si trova. La maggior parte delle iscrizioni datate appartiene al quarto e quinto secolo. La più antica iscrizione cristiana che noi conosciamo fra quelle fornite di data consolare appartiene all'anno 217: è incisa su uno dei lati corti del grande sarcofago di M. Aurelius Prosenes ora conservato nel Parco di Villa Borghese a Roma. Il sarcofago non proviene dalle catacombe, ma dalla località Torre Nuova sulla Via Labicana, dove fu trovato nel 1830. L'iscrizione cronologicamente più vicina a questa del 217 è forse quella sepolcrale di papa Ponziano, la quale, sebbene non datata, è tuttavia da assegnare all'età della morte del Pontefice, che avvenne nel 235 come apprendiamo da sicure fonti storiche.

Con ciò non è affatto escluso che alcuni cimiteri risalgano ad un'epoca anteriore. I più antichi sono certamente almeno dell'inizio del II secolo. Per poter arrivare ad ulteriori determinazioni circa l'età abbiamo altri elementi cronologici abbastanza sicuri, quali per esempio la forma della scrittura, il modo di indicare i nomi, e, sotto certi aspetti, anche il simbolismo delle figurazioni. Per la cronologia relativa, cioè per determinare soltanto quale parte delle catacombe è più antica e quale più recente, spesso è decisiva la posizione stessa delle gallerie e dei cubicoli. Così per esempio è chiaro che nelle gallerie che presentano un'altezza maggiore dell'ordinario non fu la volta ad essere innalzata sempre di più, ma fu il pavimento ad essere sempre più approfondito: perciò le file di tombe più basse sono anche le più recenti. Molti di questi principî sembrano oggi evidenti; eppure, come per altre scienze è occorso il lavoro di varie generazioni prima di arrivare a stabilirli.

Oggi, anche nel campo dell'archeologia cristiana, sono sorte varie specializzazioni col fine di raggiungere una sempre più profonda conoscenza scientifica storico-archeologica. Il Pontificio Istituto di Archeologia cristiana eretto da Pio XI nell'anno 1925 serve a questo scopo.

Per conservare e valorizzare i cimeli dell'antichità cristiana e dirigere nuovi scavi Pio IX istituì, ad iniziativa del De Rossi, la Pontificia Commissione di Archeologia Sacra. Per la parte giuridica sono stati ufficialmente riconosciuti i diritti della Santa Sede nel Concordato dell'anno 1929. L'Art. 33 dice: « E' riservata alla Santa Sede la disponibilità delle Catacombe esistenti nel suolo di Roma e delle altre parti del territorio del Regno con l'onere conseguente della custodia, della manutenzione e della conservazione. Essa può quindi con l'osservanza delle leggi dello Stato e con salvaguardia degli eventuali diritti di terzi, procedere alle occorrenti escavazioni ed al trasferimento dei corpi santi ».

Per la direzione scientifica è deputato dalla Commissione un Ispettore, che è attualmente il noto archeologo romano Professor Enrico Josi. I singoli cimiteri aperti al pubblico sono affidati alla custodia di congregazioni religiose. Esse mettono a disposizione dei visitatori delle guide che conoscono le varie lingue, e sono responsabili di fronte alla Commissione della manutenzione delle catacombe. Non possono però intraprendere senza la preventiva autorizzazione nuovi scavi. Quanto alla frequenza del pubblico, basti pensare che nel cimitero di S. Callisto prima della guerra i visitatori salivano da 70000 a 100000 all'anno; mentre in occasioni speciali, come nel giubileo dell'anno 1933-34, questo numero fu di gran lunga maggiore.

Negli ultimi decenni si sono verificate nuove importanti scoperte nel campo delle catacombe. Nel 1915 ebbero inizio gli scavi sotto S. Sebastiano che sono divenuti ben presto famosi; nel 1919 una frana presso il viale Manzoni portò alla scoperta dell'ipogeo di un certo Aurelius Felicissimus, che subito si riconobbe come un affiliato alla setta degli gnostici. L'anno 1920 portò al rinvenimento del grande cimitero di S. Panfilo sulla via Salaria Vecchia, e nell'anno seguente, ancora sulla via Salaria fu trovato o meglio ritrovato il Coemeterium Jordanorum, la famosa catacomba scoperta nel 1578 e che aveva emozionato tutti i dotti del tempo. Il suo ingresso rimase ben presto nascosto da una frana cosicchè lo stesso Bosio non potè vedere ciò che avevano visto i primi esploratori. Finalmente nel 1926 fu scoperta presso S. Lorenzo quella piccola catacomba, non menzionata dagli antichi itinerari, che contiene la tomba del tanto discusso martire Novaziano.

Tutte queste scoperte, specialmente quelle dei cimiteri di Panfilo e dei Giordani, hanno portato un ricco contributo di iscrizioni e di pitture ben conservate. Si può però dire che ormai il tempo delle grandi scoperte in fatto di catacombe è passato. Singoli rinvenimenti potranno sempre verificarsi, ma difficilmente ci possiamo aspettare grandi novità.

Con ciò però non è detto che il compito degli archeologi romani sia espletato. Il materiale che le catacombe hanno rimesso alla luce è così gigantesco per vastità ed importanza che nessuna antica città oggi scavata ne offre di uguale. Generazioni intere troveranno perciò in tale materiale ampio campo di studio e di ricerche.

Dal punto di vista scientifico le catacombe sono quasi come delle vere e proprie città dissepolte. Ma per i fedeli, per le migliaia e migliaia di pellegrini che ogni anno ne percorrono le vie, esse rappresentano qualche cosa di più: sono infatti sopratutto città di devozione. E giustamente. Chiunque non sia insensibile ai più nobili sentimenti dell'animo, passerà con rispetto dinanzi alla tomba di un grande, visiterà con commozione la casa in cui egli abitò o mediterà di fronte ad un campo di battaglia, in cui si decisero le sorti della storia del mondo. Nelle catacombe noi abbiamo qualche cosa di più. Le persone e gli avvenimenti, con cui esse a distanza di secoli ci mettono a contatto immediato, rappresentano per i fedeli molto di più che i grandi uomini della storia e le imprese da essi compiute.

Ma chi scende nelle catacombe per rafforzare la sua fede e per pregare, non deve dimenticare, che in tanto egli lo può fare, in quanto uomini della scienza con un lavoro coscienzioso e spesso pieno di sacrifizi gliene hanno preparato il terreno. La scienza gli dà la sicurezza, che qui non si tratta di più sogni o di impressioni artistiche, ma di realtà.

II

I CIMITERI

Se si osserva una carta delle catacombe romane si nota subito che esse circondano la città ad una certa distanza come una corona. Si nota inoltre che sono per lo più situate lungo le grandi strade che da ogni lato si dispartivano dall'antica Roma per comunicare col resto del mondo. I Romani infatti costruirono di preferenza i loro monumenti sepolcrali lungo le loro famose strade, fuori della città, perchè la legge proibiva di seppellire all'interno delle mura urbane.

I più antichi « Itinerari » descrivono le catacombe seguendo l'ordine delle strade romane ed anche oggi non possiamo trovare un ordine migliore, perchè questa disposizione topografica costituisce appunto una delle loro caratteristiche essenziali.

Le catacombe però non sono distribuite tutte ugualmente sulle singole strade. Le più grandi si diramano a nord'est, a oriente ed a mezzogiorno della città, le più piccole nella parte occidentale, al di là del Tevere; così sulla Via Portuense, che corre lungo la riva destra del Tevere, troviamo le catacombe di Ponziano, di S. Felice, di Generosa, e sulla via Aurelia, che lascia la città sul Gianicolo presso

Porta S. Pancrazio, troviamo quelle di S. Pancrazio, dei SS. Processo e Martiniano, di S. Calepodio. Verso settentrione, sulla Via Flaminia, v'è soltanto il cimitero all'aperto di S. Valentino. A nord-est, sulla Via Salaria vetere, s'incontrano primo il cimitero non ancora esplorato ad clivum cucumeris poi S. Ermete, quindi Panfilo; passando alla Salaria nova s'incontrano le catacombe di S. Felicita, di Trasone, dei Giordani e quella più grande di Priscilla. Verso nord-est corre la Via Nomentana, che abbandona la città presso Porta Pia e che numera le piccole catacombe di S. Nicomede e di S. Agnese, il grande Coemeterium Maius e finalmente, molto più distante, quello di S. Alessandro. Segue poi la Via Tiburtina, la strada cioè che conduce a Tivoli, con i due Cimiteri di Ciriaca e di S. Ippolito. Nelle loro immediate vicinanze è da ricordare il cimitero scoperto ultimamente ed appartenente forse alla setta dei Novaziani.

La Via Labicana o Casilina ha i cimiteri dei SS. Pietro e Marcellino e quello piccolo di S. Castulo, la Via Latina SS. Gordiano ed Epimacho e S. Eugenio.

La strada più importante dell'antica Roma era la Via Appia, che si dirige verso sud-est e che originariamente abbandonava la città al sud del Circo Massimo presso l'antica Porta Capena. Successivamente la porta aperta nelle mura Aureliane fu detta Porta San Sebastiano. La Via Latina che si separava alla sinistra di essa ha soltanto alcune piccole sepolture cristiane, mentre da questa via tro-

viamo le importantissime catacombe di S. Callisto,
di S. Sebastiano e di Pretestato. A destra si stacca
la Via Ardeatina, lungo la quale sono quelle di Domitilla. Queste quattro catacombe formano un complesso quasi interdipendente e una vera città sotterranea. In S. Callisto si esplorarono e misurarono
ben 10 km. di corridoi e 12 in Domitilla.

La Via Ostiense, che segue la riva sinistra del
Tevere, ha solo i piccoli cimiteri di S. Timoteo e di
S. Tecla. Più all'interno, verso la campagna, si trova quello ben più grande di Commodilla.

Le antiche tombe di Roma mostrano due specie di sepoltura. Troviamo cioè la « cremazione »
coi suoi colombari ricchi di urne cinerarie, e la
« inumazione » con i suoi mausolei ornati di sarcofagi. Ambedue le forme si trovano spesso riunite
l'una accanto all'altra, nella stessa camera sepolcrale, la quale mostra allora nella parte superiore le
tipiche nicchie per le urne cinerarie e nella parte
inferiore le larghe arcate destinate ad accogliere sarcofagi di pietra o di terracotta. La sepoltura ad inumazione era la primitiva, e vi furono antiche famiglie come quella degli Scipioni, che vi tennero
sempre fedeli. Verso la fine del secondo secolo dopo
Cristo scomparve l'uso della cremazione. Esso non
fu mai adottato dai cristiani.

La grande caratteristica delle catacombe consiste nella loro posizione sotterranea. Il nome di « catacomba » però non esprime questa proprietà, come forse ci si sarebbe potuto attendere; è un nome
casuale, derivato dal fatto che fin dai tempi antichi

con esso si indicava uno dei tanti cimiteri romani, quello famoso di S. Sebastiano, il quale fu denominato « in catacumbas », per una specie di avvallamento o affossamento. Nomi analoghi tratti da determinati località avevano anche altri cimiteri, come quelli Ad Clivum Cucumeris, Ad duas Lauros, Ad Ursum Pileatum. Ma siccome proprio S. Sebastiano era il più accessibile ed il più conosciuto nel Medio Evo, avvenne che il nome « in Catacumbas » fosse esteso dàl popolo a tutti i cimiteri sotterranei, sicchè tutti vennero chiamati catacombe.

Ci si può chiedere con ragione in che maniera si sia giunti a fare tali cimiteri sotterranei, poichè quest'uso per noi moderni non riesce a prima vista comprensibile. La cosa si spiega facilmente considerando la natura stessa del terreno in Roma e negli immediati dintorni formato da larghi e profondi strati di un tufo nericcio, tenero, facilmente scavabile e nel medesimo tempo abbastanza solido. Fu così che venne facilmente l'idea di utilizzarli per praticarvi delle cavità a modo di camere e di corridoi sotterranei. Il passaggio dalle tombe scavate nella roccia, concetto allora assai comune, a quelle scavate sottoterra, quando il terreno lo permetteva, fu facile. Gli etruschi già conoscevano le due maniere di seppellire: il sepolcro scavato nella roccia e quello sotterraneo aperto nel tufo; le catacombe infatti non si trovano soltanto a Roma, ma in molte parti d'Italia, dove cioè il terreno è costituito da roccie simili al tufo, come a Napoli ed in parecchie località della Sicilia.

Non bisogna però ora credere che i cristiani di Roma abbiano cominciato a costruire senz'altro le loro gallerie sottoterra in qualsivoglia strada fuori di città, in mezzo ai campi, prolungandole indisturbatamente sotto il suolo in tutte le direzioni, come se si trattasse di una « città di nessuno ». Per scavare una catacomba era necessario notificare all'ufficio catastale di allora, che si possedeva un determinato lotto di terreno, perchè venisse iscritto regolarmente sulle mappe.

Ci si è spesso domandato in che modo i cristiani potessero ereditare o acquistare simili appezzamenti di terreno in tempi di persecuzione. Nessuna difficoltà si presentava quando i cimiteri erano proprietà privata di qualche cristiano. Nel terzo secolo però molti passarono in proprietà della Chiesa; non è tuttavia da credere che a causa delle leggi persecutrici la Chiesa venisse con ciò stesso privata di ogni capacità di possesso nel campo del diritto privato. Noi sappiamo infatti, per esempio che la Chiesa romana sostenne una causa o processo contro la corporazione degli osti per una contestazione circa il possesso di un determinato terreno nella città. La causa fu dall'imperatore Alessandro Severo (222-235) decisa in favore della comunità cristiana. E' vero che nel 257 il diritto di proprietà sui cimiteri venne tolto alle Chiese da un editto di Valeriano, ma già nel 260 venne loro restituito, da Gallieno.

Ora, è proprio su tali terreni ben determinati, i quali, come già si è detto, dovevano essere fuori delle mura della città, che era consentito erigere un cimitero. E' questione oggi ancora insoluta se fin dal principio si siano scavate le tombe sotto terra, o se invece dapprima si sia utilizzato il terreno disponibile alla superficie, e solo in seguito per mancanza di spazio sufficiente se sia passati ad utilizzare anche il sottoterra. In ogni caso però non si doveva uscire dai confini di quell'appezzamento di terreno ben delimitato, non solo alla superficie, ma anche nel sottosuolo.

Le gallerie sotterranee ordinariamente avevano origine così: s'incominciava con lo scavare una scala che scendeva in basso, poi proseguendo, si dava inizio ad una galleria, alta poco più di un uomo. Da questa si facevano partire delle gallerie laterali a destra ed a sinistra, che alla loro estremità potevano essere di nuovo congiunte insieme da un'altra galleria parallela alla prima. Così si formava una rete dapprima abbastanza semplice, che poco a poco si estendeva e si complicava.

La maniera più ovvia di utilizzare queste gallerie era quella di sistemare le tombe lungo le pareti, l'una sopra l'altra, l'una accanto all'altra; e come noi nei nostri cimiteri vicino a tombe singole troviamo sepolcreti di famiglia, così anche allora ogni tanto ai lati degli ambulacri venivano aperti dei piccoli vani, detti « cubicula », che contenevano un gruppo di sepolcri.

Le tombe stesse sono di varie forme. La più distinta è il sarcofago di marmo, che a sua volta può essere assai diverso, a seconda della ricchezza della sua lavorazione artistica. L'altra, ad essa più vicina, è il cosidetto « arcosolio », costituita da una specie di madia in muratura in cui si deponeva la salma e che era sormontata da una nicchia ad arco scavata nella parete. Questa forma si trova specialmente nei « cubicula », non manca però anche nelle gallerie. Infine vi è la forma di tomba più semplice che è la più comune: consiste nel cosidetto « locus », cioè in una nicchia rettangolare a forma di cassa, il cui lato più lungo non va in profondità, ma corre lungo la superficie della parete. Se una tomba di questa forma, invece d'essere aperta in una parete, è scavata nel suolo, vien detta « forma ».

I corridoi di una catacomba sono di solito tutti occupati in tutta la loro altezza da tali loculi messi l'uno sull'altro. Fa una profonda impressione passare per queste oscure gallerie davanti a questo innumerevole esercito di morti: vien da pensare allo sterminato numero di quegli sconosciuti che vi trovano il loro ultimo riposo e dei quali non rimane altro che una tomba vuota. La maggioranza dei loculi sono infatti oggi aperti e vuoti, anche se non di raro vi si scorge ancora qualche resto di ossa.

Come è naturale, originariamente queste tombe scavate nella parete, erano chiuse; a questo scopo si soleva adoperare una lastra di marmo o più tegole poste l'una accanto all'altra, che venivano poi fissate ai margini con la calce. Solo una minima parte delle lastre porta qualche iscrizione. Per facilitare il riconoscimento di determinate tombe, talora vi si collocavano all'esterno dei piccoli oggetti.

Si tratta talvolta di monete, che venivano inserite nella calce ancor fresca, talaltra di figurine d'avorio, paste vitree variopinte, di vetri ornati con figure dorate. Questi piccoli segni di conoscimento servivano nel medesimo tempo di onesto ornamento del sepolcro. Talvolta, benchè non troppo frequentemente, si trovano infisse nella calce alcune piccole fialette, che dovevano contenere liquido odoroso con cui durante la visita si aspergeva la lastra di chiusura. Questo uso gentile degli antichi corrisponde assai da vicino al nostro di porre fiori freschi sulle tombe dei nostri cari.

Se confrontiamo le catacombe cristiane con i nostri cimiteri vediamo subito, nonostante le molte differenze, la loro grande somiglianza: in ambiente e condizioni esterne diverse, con altri mezzi, esprimono sempre il medesimo ingenuo scopo, il medesimo e semplice amore verso i defunti, la medesima grande realtà: la fede in una vita eterna.

Quando in una Catacomba lo spazio non era più sufficiente ad accogliere altre tombe perchè non era più possibile un'ulteriore estensione in larghezza, in quanto erano stati raggiunti i confini della proprietà, si pensò di fare uno scavo in profondità fin dove la natura del suolo lo permetteva. Il mezzo più semplice era quello di approfondire sempre più gli ambulacri; vennero così a crearsi corridoi di notevole altezza in cui, logicamente, le tombe più in alto sono più antiche di quelle più in basso. Talvolta la mancanza di spazio determinò persino la distruzione di alcuni dipinti che erano stati eseguiti come pio ornamento. Così per esempio nella catacomba di S. Callisto un affresco rappresentante il Buon Pastore fu rovinato proprio nel centro per ricavarvi un nuovo loculo, nè poi si cercò di ricompletare la composizione pittorica.

Per aumentare la capacità di spazio per sepolture sotterranee si pensò ben presto di scavare sotto al primo, un secondo, un terzo e talvolta anche un quarto piano. Si raggiunsero così profondità veramente notevoli.

Circa il numero complessivo di cristiani sepolti nelle catacombe si sentono talora cifre del tutto fantastiche. Un semplice calcolo ci conduce sulla giusta via. La catacomba più spaziosa, S. Callisto, ha 10 chilometri di corridoi, mentre la lunghezza totale delle gallerie di tutte le catacombe non dovrebbe sorpassare di molto i 100-150 chilometri, poichè ciò che è andato completamente distrutto o che fino ad oggi non è stato ancora scoperto non deve essere poi tanto da cambiar molto tale computo. In un ambulacro ogni due metri si possono numerare verticalmente 4 o 5 loculi posti l'uno su l'altro. Poichè le parti del corridoio sono due, potremo contare 10 tombe. Con questi dati otteniamo per la lunghezza di 100 chilometri 500.000 tombe, e 750.000 per 150 chilometri, il tutto preso naturalmente all'ingrosso. Questo numero potrebbe apparire piccolo se si pensa che le tombe si estendono a circa due secoli e mezzo, cioè dal 150 circa al 400. Ma non dobbiamo ritenere che la cristianità romana fosse eccessivamente numerosa. Verso il 200 Roma avrà contato solamente 10.000 cristiani e verso il 313, alle fine cioè delle persecuzioni, non più di 100.000. Anche nel IV secolo i cristiani di Roma furono ancora per lungo tempo una minoranza rispetto ai pagani. Del resto il numero degli abitanti della città, che sotto Traiano e Adriano erano forse un milione, dalla fine del secondo secolo era andato rapidamente diminuendo.

I cimiteri romani più antichi ebbero origine da sepolture private di ricche famiglie cristiane: in modo quindi analogo alle più antiche chiese, che erano in origine altrettanti luoghi di culto in case private. Nei cimiteri ciò si può riconoscere bene dalla disposizione della parte più antica, come anche dal nome degli antichi proprietari, per es. Priscilla, Praetextatus, rimasti ad indicare l'intero complesso anche dopo l'originario vano sepolcrale sotterraneo s'era sviluppato in tutto od in parte in un sistema di gallerie e piani sotterranei. Abbastanza bene conosciamo il cimitero di Domitilla, da cui prese il nome la grande necropoli sotterranea sulla Via Ardeatina. Era Domitilla una nipote dell'imperatore Vespasiano (69-79) e aveva sposato un suo cugino, T. Flavio Clemente. Ambedue erano cristiani, come si sa da un passo di Svetonio [3]. Clemente fu console nell'anno 95, mentre era imperatore suo cugino Domiziano, figlio di Vespasiano e zio di Domitilla. Sappiamo perfino qualche notizia della situazione domestica di questa Flavia Domitilla. Essa

---

[3] SVETONIO, *Vita Domitiani*, 15, 1; *Dione Cassio*, Hist. rom. 67, 14.

aveva un amministratore, il Liberto Stefano, che nel 96 assassinò l'imperatore Domiziano, forse per vendicare la sua patrona. Questa possedeva sulla via Ardeatina, nella regione oggi denominata Tor Marancia, un appezzamento di terreno; infatti una iscrizione ivi scoperta dice che lì era stato inalzato un monumento sepolcrale « ex indulgentia Flaviae Domitillae ». Dovette possedere anche una fornace, perchè conosciamo degli stampi per timbrare mattoni di un certo Felice, schiavo di Flavia Domitilla. Inoltre abbiamo l'iscrizione di una certa Tatia, liberta di Flavia Domitilla, che fu la nutrice di sette figli della sua patrona. Di questi bambini si sa che i due più grandi erano destinati alla successione al trono, e lo zio imperatore aveva loro imposto il nome di Domiziano e Vespasiano. Loro educatore fu il famoso retore Quintiliano, cui Flavio Clemente aveva procurato gli « ornamenta consolaria »[4]. Tutto ciò farebbe pensare ad una famiglia ricca e nobile, non però cristiana. Senonchè gli storici Svetonio e Cassio Dione parlano dell'esecuzione capitale di Flavio Clemente con tali espressioni che non può rimanere alcun dubbio esserne stata causa la religione cristiana. Anzi Dione dice espressamente che ciò era accaduto per causa di « empietà ». Di più sullo stesso appezzamento presso Tor Marancia si trova ora quell'ipogeo cristiano i cui muri appartengono al principio del secondo secolo, e che formò l'inizio dell'attuale immensa necropoli cri-

---

[4] STEIN, *Flavius Clemens in Pauly-Wissowa* VI/2 (1909) col. 2536-39.

stiana che in tutta l'antichità fu chiamata cimitero di Domitilla. Nella parte più antica contiene le sepolture dei Flavi. Di questo luogo noi possediamo specialmente un'iscrizione sepolcrale di Flavio Sabino e Flavia Titiana, fratello e sorella. Se questi Flavi cristiani del II secolo siano diretti discendenti di Clemente e Domitilla, non lo sappiamo: potrebbero anche essere discendenti di liberti, ma una certa relazione con Clemente e Domitilla esiste sicuramente.

Mentre Flavio Clemente fu del tutto dimenticato dalla tradizione, rimase invece nella comunità cristiana almeno una pallida idea di Domitilla. A ciò contribuiva essenzialmente il fatto che il suo nome rimase legato a quel terreno sotto cui furono scavate le catacombe. In un tempo posteriore quando fu composta la Leggenda di Nereo e Achilleo, si sapeva che il nome proveniva non da un sepolcro di un martire ma da una Domitilla che era stata l'antica proprietaria di quel luogo [5]. La regione vi viene espressamente indicata come villa di campagna di Domitilla. Nel quarto secolo si mostrava ancora nell'isola Ponza il luogo ove Domitilla aveva dimorato durante il suo esilio [6]. La leggenda ha poi sicuramente rimaneggiato tutto. Della storica Domitilla, che aveva almeno sette figli, ha fatto una vergine consacrata a Dio e l'ha messa in relazione coi martiri Nereo e Achilleo che erano sepolti nel

---

[5] *Acta Nerei et Achillei*, testo greco edito da Achelis in Texte und Untersuchungen, XI/2 c. 18.
[6] HIERONYMUS, *Epistolae* 108, 7 ML 22, 882.

cimitero di Domitilla, ma che in verità appartengono a una persecuzione molto più recente.

Il secondo dei più antichi cimiteri è situato all'estremo opposto della città e porta il nome di Priscilla. Anche per questo esiste una relazione con una famiglia nobile, che però non è così evidente come nelle catacombe di Domitilla. Nella parte più antica di questo cimitero trovasi una tomba degli Acilii. Questa famiglia, i cui figli più anziani portavano regolarmente il cognome di Glabrioni, è molto più antica dei Flavi, benchè non appartenga al vecchio patriziato. Uno dei suoi antenati fu quel console Acilio Glabrione che nel 191 a. C. vinse alle Termopili il re di Siria Antioco. Fra i discendenti vi fu Acilio Glabrione, console nel 91 d. C., uno di quei molti nobili personaggi che secondo Cassio Dione fu fatto uccidere dall'imperatore Domiziano per « empietà e condiscendenza a costumi giudaici ». Questo storico, generalmente molto attendibile, racconta a questo proposito un fatto degno di menzione. L'imperatore Domiziano aveva una villa presso Albano, sulla collina oggi coronata dalla residenza papale estiva di Castel Gandolfo. In occasione della festa dei Juvenilia, egli invitò il console Acilio Glabrione e lo costrinse a combattere nell'arena con un leone. Doveva naturalmente esserci una ragione, perchè anche un Domiziano non poteva permettersi per semplice capriccio di far entrare nell'arena come gladiatore un console in carica. Glabrione tuttavia portò con sè un'ottima spada e nel combattimento uccise il leone; secondo le consuetudini romane doveva quindi avere salva la vita. Pare difatti che egli poi se ne sia andato spontaneamente in esilio per evitare altre persecuzioni; ma l'imperatore che doveva sentirsi ben umiliato dall'uccisione del leone, lo perseguitò ancora e infine lo fece trucidare. In seguito presentò la cosa come se Glabrione si fosse spontaneamente offerto a fare il gladiatore ed avesse con ciò commesso un'azione indegna di un console. Così narra Cassio Dione. Questo racconto non è per noi sufficientemente chiaro per poter fare senz'altro del console Acilio Glabrione un cristiano, anche se la sua morte sia da Dione che da Svetonio viene messa in connessione con quella di Flavio Clemente. Ma qui vengono in aiuto i dati forniti dal monumento sepolcrale degli Acilii nel cimitero di Priscilla. Quivi infatti troviamo nominati su alcune iscrizioni un Acilio Rufino, un Acilio Valerio ecc., personaggi che sono evidentemente tutti parentati fra di loro. Di questi, Acilio Rufino e Claudio Acilio Valerio sono sicuramente cristiani, ma ambedue appartengono ad un'età più recente, forse al quarto secolo. L'iscrizione degli altri non mostra nulla di cristiano. La famiglia degli Acilii Glabrioni nel secondo e terzo secolo non era certamente cristiana. Conosciamo ancora una serie di consoli di questo nome discendenti tutti dal personaggio ricordato da Dione Cassio. Al più può darsi che soltanto una parte sola dei suoi successori sia diventata cristiana.

Il cimitero di Priscilla non si è sviluppato semplicemente dalla tomba degli Acili. Secondo lo Styger nella catacomba dobbiamo distinguere tre parti in origine indipendenti: il cosiddetto « Cripto-portico », l'« ipogeo degli Acili » e il cosidetto « Arenario », che da principio ebbero proprie entrate non essendo originariamente intercomunicanti, però nel secolo IV, quando sorse il grande cimitero pubblico, vennero ad esso incorporati i tre nuclei antichi. Poichè troviamo alcuni degli Acilii cristiani recenti sepolti nell'antica tomba di famiglia, si presume che vi avessero conservato un certo diritto. Se vogliamo indagare quando nella famiglia dei Glabrioni appare una Priscilla, incontriamo la moglie del console del 152, Manio Acilio Glabrione Cornelio Severo: Arria Priscilla. Questo console potrebbe anche essere quel Manio Acilio che con sua sorella Priscilla è ricordato su una delle iscrizioni dell'ipogeo. Non si può quindi negare che tutte queste supposizioni si poggiano su trame non troppo solide. Abbiamo dunque il console dell'anno 91, l'uccisore del leone, che poteva essere cristiano; i suoi discendenti sono sepolti in una tomba da cui si originò più tardi un cimitero cristiano; alcuni di questi discendenti sono cristiani; il cimitero prende il nome da una Priscilla e in verità nel secondo secolo compaiono diverse Priscille nella famiglia dei Glabrioni. Tutto ciò non è sufficiente per farne un argomento perentorio, d'altra parte non possiamo ascrivere tutto ciò ad un puro caso.

Anche al terzo dei grandi e antichi cimiteri, a quello di S. Callisto, si collega la traccia di una antica famiglia romana. Tacito nei suoi Annali all'anno 56/57 scrive che « Pomponia Grecina, nobile dama e moglie di Aulo Plauzio, il quale aveva meritato il trionfo per la sua vittoria sui Britanni, fu accusata di appartenere ad una religione straniera e sottoposta al giudizio di suo marito. Questi, secondo l'antica usanza, tenne giudizio sulle qualità, sulla vita e fama di sua moglie in presenza di tutta la parentela, e la dichiarò innocente. Questa Pomponia visse molto a lungo e in continuo lutto, poichè dopo la morte di Giulia (42 d. C.), figlia di Druso (che fu assassinata per istigazione di Messalina), trascorse quaranta anni in gramaglie e in mesto cordoglio. Finchè regnò Claudio (41-54) non le accadde nulla di male, (sotto Nerone) poi fu oggetto anche di onore» specie a causa della dichiarazione di piena innocenza fatta nel giudizio di famiglia.

Non si può dubitare che Pomponia fosse cristiana. Già l'osservazione di Tacito sulla sua «superstitio externa» e il suo strano modo di vivere, nonchè il fatto che essa, come nobil dama, si fosse completamente ritirata dalla vita di corte mostrando di non tenere in alcun conto qualsiasi segno di stima e di onore, induce a ritenere per vera questa opinione. Tale supposizione viene quasi trasformata in certezza dal fatto che nella parte più antica delle catacombe di Callisto fu trovata un'iscrizione oggi scomparsa, riguardante un Pomponio Grecino. Nei nomi romani la sola somiglianza dei nomi gentilizi, non significa affatto parentela, poichè parecchi di questi nomi sono molto comuni anche perchè i liberti e i loro discendenti portavano lo stesso nome gentilizio dell'antico padrone. Ma quando insieme con questo si trova anche un cognome caratteristico, allora si tratta di vera e propria parentela. Il cristiano Pomponio Grecino doveva perciò essere stato un nipote o un pronipote della Pomponia Grecina nominata da Tacito. Questo scrittore pone l'inizio della vita di lutto di Pomponia dall'assassinio della principessa Giulia, lontana parente di suo marito. Una dipendenza causale può forse spiegarsi col fatto che Pomponia approfittò dell'occasione in cui essa doveva portare il lutto per la parente, poichè il suo cambiamento di tenor di vita e il suo ritiro dalla corte venissero meno notati. Che poi Pomponia già nell'anno 43 o poco dopo, fosse cristiana non è cosa impossibile. Nel secondo decennio dalla risurrezione del Signore, in Roma si trovavano già alcuni cristiani anche se nessun Apostolo era ancora giunto nella città eterna. E se in verità l'espressione enigmatica degli Atti degli Apostoli (12, 17) « Pietro si recò in un altro luogo » significa Roma, e se la liberazione dell'Apostolo dal carcere di Gerusalemme si deve mettere nel 42, come sostengono molti esegeti, Pomponia potrebbe essere stata una delle prime matrone guadagnate al cristianesimo personalmente da Pietro. Per ben quarant'anni, secondo Tacito, perseverò Pomponia nel suo strano modo di vivere, fino cioè alla sua morte avvenuta verso l'83. Dalla nota di Tacito sul suo lutto costante, potremmo quasi concludere che essa si fosse ascritta fra le vedove al servizio della Chiesa. Essa ha dunque vissuto l'intera prima fioritura della cristianità romana e preso parte personalmente alla vita dell'antichissima comunità. Inoltre può pure essere stata un appoggio finanziario alla giovane cristianità almeno fino al 65, anno in cui suo nipote Plauzio Laterano, console designato, fu giustiziato da Nerone. I Plauzi perdettero allora i loro beni famigliari, fra cui il palazzo al margine est del Celio, le « Aedes Lateranorum », le quali passate in molte mani vennero poi donate dall'imperatore Costantino ai Vescovi romani. Se anche Pomponia vi abitò ci è ignoto; possiamo però pensare che essa abbia conosciuto intimamente gli Apostoli Pietro e Paolo, come pure Marco, Luca, Lino e Clemente, che abbia veduto la persecuzione di Nerone ed abbia pregato sulle tombe recenti degli Apostoli. Che cosa mai potrebbe raccontarci questa donna?

Quanto noi sappiamo di Pomponia non può veramente autorizzarci ad ammettere che il cimitero di Callisto fosse originariamente una tomba dei Pomponii come nel caso di Domitilla, perchè il cimitero di Callisto è stato talmente trasformato che noi non ne riconosciamo più il nucleo primitivo. Una certa relazione tuttavia cogli antichi Pomponii deve esserci senz'altro.

In tutto il secondo secolo non abbiamo alcuna notizia di cimiteri, benchè esistessero già almeno i tre suddetti: di Priscilla, Domitilla e Callisto. Essi in quel tempo, in corrispondenza al numero dei cristiani di Roma che nel secondo secolo era solo di alcune migliaia, non erano ancora così estesi come più tardi. Solo verso il 200 incontriamo l'importante notizia riferita da Ippolito, che il papa Zeffirino (circa 200-217) incaricò il diacono Callisto dell'amministrazione «del cimitero». Questa notizia, insieme a parecchie altre più o meno avventurose, ce la tramanda Ippolito in quel suo nono libro dei *Philosophumena* che è un vero libello scritto da lui quando s'era costituito antipapa contro Callisto. Secondo questo libello Callisto era uno schiavo, cosa assai verosimile essendo Callisto un tipico nome di schiavo. Il suo padrone era un cristiano, il liberto M. Aurelio Carpoforo. Conformemente all'uso Callisto dopo che fu dichiarato libero, si sarà chiamato con l'intero nome di M. Aurelio Callisto. Con un capitale datogli dal padrone Callisto fondò una banca, il cui ufficio di cambio trovavasi presso la «Piscina Publica» nell'odierna contrada di S. Saba. Ippolito ci racconta come Callisto sottraesse e dilapidasse del danaro per cui dovette fuggire: raggiunse una nave nel Porto Romano, ma, inseguito da Carpoforo, fu raggiunto. Nella disperazione Callisto si gettò allora in mare, fu però ugualmente preso e consegnato al suo padrone che lo ricondusse a Roma e lo condannò ai lavori forzati. Lasciatosi infine commuovere dalle preghiere dei cristiani, Carpoforo lo dichiarò nuovamente libero, perchè potesse attendere a pagare i suoi debiti e alla fine rinunciò perfino ai propri crediti con lui. Callisto tuttavia non fu in grado di restituire i depositi ricevuti da altri e tentò allora un colpo di fortuna. Avendo disturbato una festa di sabato dei giudei, fu da essi accusato come cristiano e dal Prefetto della città, Seio Fusciano (Console nel 188) fu flagellato ed esiliato in Sardegna nonostante che Carpoforo avesse testimoniato davanti al giudice che Callisto non era affatto cristiano, ma che cercava apposta la morte.

Ben difficilmente lo si può ammettere, che tutto questo sia vero. Ippolito qui ha visibilmente lo scopo di svalutare il titolo di « Confessore » di Callisto per lui molto incomodo. In verità un uomo con una vita precedente così scandalosa non avrebbe potuto essere nominato vescovo. L'affare della banca può forse avere di vero questo, che Callisto per un certo tempo sia stato in difficoltà per pagare dei debiti; ma che egli abbia perciò sottratto dei danari, è questa una calunnia assai facile a gettarsi contro un uomo d'affari. Egli certamente avrà superato bene le difficoltà, perchè Papa Zeffirino non avrebbe certo affidato l'amministrazione dei beni della Chiesa a un fallito. E' possibile che i giudei denunziassero il molesto concorrente come cristiano, ma da ciò non segue che nella sua professione di fede per Cristo ci fosse qualche cosa non in ordine, come Ippolito vorrebbe mostrare. Per il decreto di grazia che Papa Vittore ottenne dall' Imperatore Commodo per gli esiliati in Sardegna, Callisto ricuperò la libertà. Anche qui Ippolito non dimentica di aggiungere qualche cosa di disonorevole sul suo riguardo: Vittore nell'elenco dei « Confessori » che mandò in Sardegna alle autorità, avrebbe scientemente omesso il nome di Callisto, perchè non voleva di nuovo a Roma questo avventuriero. Tuttavia Callisto con preghiere e lagrime avrebbe ottenuto che l'ufficiale pubblico lasciasse partire anche lui. Vittore ne fu molto seccato, ma non potendo ormai cambiare la situazione, per tenerselo lontano mandò Callisto ad Anzio, con un assegno mensile perchè se ne stesse in pace. Ma queste sono quasi tutte calunnie. Invece può essere vero che Callisto dopo la sua liberazione fu per un certo tempo ad Anzio per incarico del Papa, forse perchè la Chiesa romana vi aveva dei beni da amministrare. Dal fatto che Callisto riceveva uno stipendio si può arguire che già allora apparteneva al clero. Forse Vittore dopo il ritorno di Callisto dall'esilio, quale Confessore, lo avrà ammesso nel clero, cosa assai frequente a quel tempo. Zeffirino, successore di Vittore, richiamò Callisto a Roma e lo fece suo amministratore. Ippolito anche qui aggiunge che Callisto non si allontanò più dai famigliari del nuovo Papa di cui si guadagnò la stima con la sua ipocrisia perchè Zefferino sarebbe stato uno spirito molto ristretto. A noi interessa sopratutto il fatto che Zeffirino affidò a Callisto l'amministrazione « del cimitero ».

Per la prima volta infatti si ha notizia di un cimitero appartenente non più ad una famiglia privata, ma alla Chiesa romana come tale e senza dubbio si tratta di quel cimitero che ancora oggi conserva il nome di Callisto. Non sappiamo quali lavori Callisto vi abbia fatto compiere, ma non dovettero certo essere di poca importanza se il suo nome rimase legato a tutto il complesso cimiteriale, nonostante che egli non fosse stato nè il primo fondatore, nè in seguito vi fosse stato sepolto. Callisto, che nel 217 divenne successore di Zeffirino nel papato e nel 222 morì martire, ebbe la sua sepoltura sulla via Aurelia nel cimitero di Calepodio. La Cripta dei papi nel cimitero di S. Callisto sembra sia stata costruita solo nel 235-250 da papa Fabiano. Di lui parla una delle notizie assai attendibili del Catalogo Liberiano, ricordando che egli fece fare molti lavori nei cimiteri. Quali fossero in particolare non lo sappiamo; possono essere stati nuove gallerie, decorazioni, riparazioni e lavori di consolidamento sempre necessari nelle catacombe a causa delle frane e delle acque filtranti. Importante è il fatto che si parli proprio di un certo numero di cimiteri sottoposti al tempo di Fabiano all'amministrazione diretta della Chiesa e quindi non più appartenenti ai privati. Il cimitero di Callisto rimase tuttavia il cimitero principale e pare che nel terzo e quarto secolo sia stato il luogo di sepoltura ordinario del clero. Ciò si dovrebbe desumere con sufficiente sicurezza dall'iscrizione che Papa Damaso pose nella Cripta dei papi e il cui originale fu ricomposto dal De Rossi da innumerevoli frammenti. Sappiamo che i chierici potevano ottenere colà sepolture anche per i loro parenti, come risulta dalla iscrizione del diacono Severo, che fece una tale tomba di famiglia « col permesso del papa Marcellino ».

Oltre i tre più antichi cimiteri sorsero verso la metà del III secolo quelli di Commodilla, di Pretestato, di Basilla, dei Giordani ed altri.

Ignoriamo se le persecuzioni di Valeriano (257-258) e di Diocleziano (dal 303 in poi), di cui almeno la seconda portò con sè la chiusura e l'espropriazione dei cimiteri, causarono qualche danno o devastazione alle catacombe. I ritrovamenti sui luoghi stessi non ci danno alcun punto sicuro di appoggio.

Quando l'anno 313 portò finalmente alla Chiesa la pace definitiva cominciò a poco a poco una nuova era per le Catacombe. Il quarto secolo può caratterizzarsi come il tempo della trasformazione delle Catacombe da cimiteri in luoghi di pellegrinaggi, anche se fino alla fine del secolo si continuò a seppellirvi. Fu anche il tempo in cui allo sviluppo fiorente del culto dei Martiri non mancarono i centri di pellegrinaggio e le forme corrispondenti di culto. Le tombe dei Martiri vennero restaurate e trasformate in santuari. Sulle tombe di alcuni di essi, come per es. su quelle di S. Agnese, di S. Lorenzo, dei SS. Nereo e Achilleo, furono costruite delle vere basiliche. Ma poichè, per quanto era possibile si voleva lasciare intatta la tomba stessa, queste basiliche furono incorporate alle catacombe; si dovette in tal modo sacrificare una parte delle gallerie circostanti con le loro sepolture. Nacque così la forma particolare di una basilica interrata a metà con un secondo piano, il cosiddetto « matroneo », perchè vi si potesse accedere dall'alto. In quel tempo sorsero pure le basiliche sopra i sepolcri degli Apostoli Pietro e Paolo. Tutte queste Chiese, che chiamiamo basiliche cimiteriali, si distinguono dalle basiliche urbane, come per esempio S. Giovanni in Laterano e S. Clemente, perchè il motivo della loro costruzione fu la venerazione di una tomba di un Martire. Da ciò dipende la disposizione caratteristica dell'edificio e la forma speciale dell'altare.

Specialmente il papa S. Damaso nella seconda metà del quarto secolo si prese una grande cura delle Catacombe. Egli fece adornare di nuovo la maggior parte delle tombe dei Martiri e compose per queste epigrammi, che in bella e classica scrittura su grandi tavole di marmo abbelliscono i numerosi santuari. Si curò anche di aprire nuove entrate e disposizioni di scale perchè le singole cripte dei Martiri divenissero più facilmente accessibili.

Con il quinto secolo cominciò la decadenza delle Catacombe. A causa delle continue e prolungate irruzioni dei barbari esse subirono molti guasti e danni. Anche la regione circostante fu assai devastata. La campagna romana infatti, che fino allora era ben coltivata e ricca di molte ville si spopolò. Gli abitanti della città entro la cerchia delle mura divenuta troppo larga, si erano così assottigliati che non avevano più bisogno di grandi cimiteri, ma seppellivano i loro morti nelle Chiese urbane. Un nuovo Damaso per le Catacombe non sorse più. Tuttavia esse rimasero ancora sempre luoghi di devozione e di venerazione. La loro celebrità negli anni seguenti si estese sopratutto al nord dell'Europa e attirò a Roma molti pii pellegrini. In questi tempi appunto sorsero quegli Itinerari o Guide dei pellegrini che, nonostante numerosi malintesi e stranezze, prestano ancora all'odierno ricercatore i più segnalati servizi.

Verso la metà dell'ottavo secolo, il re dei Longobardi, Astolfo, saccheggiò le Catacombe romane e si portò via molte Reliquie. Così cominciò una nuova fase per le necropoli sotterranee. I Pontefici romani non possedevano più i mezzi di difendere da ulteriori danni le Catacombe o di restaurare le tombe già molto rovinate. Anzi il Papa Paolo I, si decise a togliere dalle loro tombe sotterranee una gran parte delle ossa e a trasportarle in luogo sicuro nelle chiese della città. Anche i Papi seguenti, sopratutto Pasquale I, cercarono in tal modo di difendere i sacri resti dalla irriverenza e dalla rapina. D'altra parte la rapina di Astolfo mostra l'alta venerazione e stima, che le ossa dei Martiri e tutto ciò che li riguardava, godevano presso questi popoli da poco cristiani. La venerazione dei Martiri attirava già da tempo i pellegrini dal settentrione a Roma: non doveva forse sorgere il desiderio di aver parte, o con le buone maniere o con la forza, di questi sacri tesori?

Nacque così a poco a poco una vera gara attorno alle reliquie dei Martiri, gara che purtroppo condusse anche a incresciose aberrazioni. Più di tutti è noto il fatto del Diacono romano Deusdona e dei suoi fratelli Luniso e Teodoro [7]. Deusdona in un viaggio oltr'alpe aveva conosciuto Eginardo, il dotto amico di Carlo Magno. Eginardo desiderava possedere reliquie dei Martiri per il suo monastero di Mulinheim, più tardi detto Seligenstadt, e Deusdona gli promise d'aiutarlo. Egli infatti aveva in custodia le Catacombe di S. Pietro e Marcellino: non gli fu perciò difficile durante la notte di togliere di là delle ossa,

---

[7] J. GUIRAUD, *Le commerce des Reliques au commencement du IX siècle*. MÉLANGES G. B. DE ROSSI (*Suppl. aux Mélanges d'archéol. et d'hist.*, T. XII), Rome 1892, p. 73-96.

e Seligenstadt venne in possesso delle reliquie dei santi Pietro e Marcellino.

Presto si strinsero legami anche con un'altra grande Abbazia tedesca e col suo Abate. Anche Rabano Mauro di Fulda desiderava elevare lo splendore del suo monastero nello stesso modo e per mezzo di un suo monaco trattò a tale scopo con Deusdona. Così Fulda ricevette reliquie di alcuni Martiri romani, come per es. di Alessandro. Naturalmente non sempre si trattava di ossa intere, ma per lo più di piccoli pezzi. Rabano Mauro tuttavia fu oltremodo contento e ricompensò Deusdona e i suoi fratelli con ricchi doni. Questi successi resero gli abati tedeschi e franchi sempre più avidi di reliquie di Martiri e i mediatori sempre più coraggiosi. Così col tempo molti resti dei più famosi Martiri romani, riposarono, custoditi gelosamente e sinceramente onorati, in molte grandi cattedrali e monasteri al di là delle Alpi. Non è sicuro del tutto se nelle consegne di resti di Martiri si sia agito sempre onestamente. In ogni caso Seligenstadt, credeva di possedere già da quasi un migliaio d'anni le sante reliquie del Martire Giacinto, quando i resti di questo Martire furono scoperti nel 1845 in S. Ermete, nel suo sepolcro evidentemente ancora intatto. Tuttavia molte delle ossa consegnate furono senza alcun dubbio autentiche. Comunque, i troppo zelanti vescovi e abati tedeschi e franchi ed i condiscendenti mediatori romani, portarono a dilatare e ad estendere sempre più la venerazione e la gloria dei santi Martiri romani.

III

LE TOMBE DEI PAPI

Ci è noto il luogo delle tombe dei Principi degli Apostoli; non ci è invece stata conservata alcuna memoria delle tombe dei primi successori di Pietro sulla cattedra romana. Conosciamo però con esattezza la serie dei primi Papi. Il catalogo più antico che ne abbiamo è dovuto ad Ireneo e fu compilato fra il 170 e il 180. Cento anni dopo la morte degli Apostoli, a Roma poteva ancora trovarsi chi aveva personalmente conosciuto la generazione dei loro discepoli. Dodici nomi componevano allora l'elenco dei papi: Lino, Anacleto, Clemente, Evaristo, Alessandro, Sisto I, Telesforo, Igino, Pio, Aniceto, Sotere, Eleutero. Del resto non sembra neppure che Ireneo sia stato il primo compilatore di questa lista: già prima di lui Egesippo, che visitò le chiese fondate dagli apostoli per ricercare l'unità nella tradizione delle verità di fede, aveva compilato un tale elenco.

L'elenco completato col volger del tempo è giunto a noi in forme diverse. Vi si introdussero quà e là errori dovuti a sbagli di lettura o di pronuncia; tali errori però si possono facilmente correggere in base alle antiche notizie che possediamo. La mutata pronuncia del latino e l'ignoranza del greco, furono la causa per cui molti nomi furono guastati: di Igino alcuni fecero Egeno o addirittura Eugenio; Zefirino venne scritto Geferino o Severino. Peggio accadde con Anacleto, nome non comune: ne venne fuori Anaclito, Anelito, Clito, Cleto e si finì col non sapersi più se si trattasse di uno o due Pontefici: così alcuni hanno fatto precedere o seguire a Clemente un supposto Anacleto o Cleto. Ma poichè Ireneo ci ha trasmesso la più antica lista dei Papi, tali errori si possono ovviare.

La lista di Ireneo e degli altri primi compilatori era una pura serie di nomi senza date. Loro scopo non era quello di scrivere una cronaca, ma semplicemente di fissare la ininterrotta successione apostolica ed assicurare così l'esattezza della tradizione in materia di fede. Le date sicure cominciano per noi appena col terzo secolo, con la morte del papa Zeffirino nel 217. Per il periodo precedente abbiamo solo isolati punti di appoggio; così per esempio pensiamo che Aniceto doveva reggere la chiesa nella metà del secondo secolo, perchè il viaggio a Roma di Policarpo, vescovo di Smirne, per incontrarsi col Papa, con tutta probabilità avvenne nel 155.

Delle tombe dei primi papi non sappiamo nulla. Nel secolo VI si pensava che essi fossero tutti sepolti nelle vicinanze della tomba di S. Pietro, ma pare che questa fosse allora solo una supposizione non fondata nè su dati certi, nè su di una reale tradizione. Gli scavi condotti sotto la Basilica Vaticana non hanno fin'ora incontrato alcuna altra tomba di papi. Non si esclude tuttavia la possibilità che ve ne siano.

Il primo papa di cui conosciamo il luogo della sepoltura è Zeffirino († 217). Fu deposto nel cimitero di Callisto e precisamente nel cimitero all'aperto. Così descrive il luogo l'itinerario di Salzburg: « Sulla medesima via (Appia): presso S. Cecilia innumerevoli martiri. Prima papa Sisto ... S. Cecilia, vergine e martire, Ottanta martiri giacciono ivi in basso. Geferino, papa e confessore riposa in alto. Eusebio, papa e martire, lontano, in una caverna. Cornelio, papa e martire, riposa lontano in un'altra caverna. Indi giungi a S. Sotere, vergine e martire... ». Il sepolcro di Zeffirino era dunque sopraterra e precisamente in un luogo che i pellegrini visitavano salendo dalla tomba di S. Cecilia e dalla vicina cripta dei papi (Sisto). Discendevano poi di nuovo ai sepolcri di Eusebio e di Cornelio e finalmente a quello di Sotere. La tomba di Zeffirino naturalmente non era in terreno aperto, ma in un mausoleo per quanto modesto. La tomba di Cecilia, la cripta dei papi, ed il sepolcro di Cornelio ci sono perfettamente noti. Come mausoleo di Zeffirino verrebbe quindi in considerazione proprio quella cella tricora che sta quasi immediatamente sopra la cripta dei papi, vicino all'attuale suo ingresso. E' quella piccola chiesina nella quale De Rossi trovò il frammento dell'iscrizione di Cornelio. In realtà nell'abside di mezzo di questa cella tricora fu trovata una tomba alla profondità di due metri e circondata da muratura, difesa quindi con particolare attenzione. Il Marucchi credette che fosse certamente quella la ricercata tomba di Zeffirino. La cella è d'età post-costantiniana, ma poggia su fondamenta più antiche, che potrebbero essere proprio quelle del mausoleo di Zeffirino. Però, come ha dimostrato il Wilpert, anche il muro attorno alla tomba ritrovata è più recente. Il Wilpert ricerca quindi il sepolcro di Zeffirino nell'altra cella che è vicino alla via delle Sette Chiese, ed è nominata dopo S. Sotere, ciò che d'altra parte non concorda con l'itinerario di Salzburg. L'opinione del Marucchi sembra veramente la più probabile.

Nel secolo VII si venerava nel mausoleo di Zeffirino anche il sepolcro di S. Tarsicio ,il noto martire dell'Eucarestia. Ma poichè della bella iscrizione che papa Damaso fece per questo martire possediamo soltanto una trascrizione, il luogo preciso del sepolcro non lo conosciamo.

Il successore di Zeffirino, Callisto (217-222), fu sepolto sulla via Aurelia, nel cimitero di Calepodio. Del sepolcro non rimane nulla; restano solo le vestigia d'un oratorio che il papa Giulio vi fece erigere nel IV secolo, in sua memoria. Fa meraviglia che Callisto non sia stato sepolto nel « suo » cimitero. Si credette di avere la spiegazione in una leggenda secondo la quale Callisto sarebbe stato ucciso in Trastevere. In quei frangenti non si ebbe tempo di trasportarne il cadavere sulla via Appia e nella fretta fu deposto nella più vicina via Aurelia. Ora sappiamo con certezza che Callisto morì martire e che al tempo della sua morte non vi era una persecuzione generale, e così non è inverosimile un'uccisione tumultuaria. Da Trastevere alla cripta dei papi vi è una buona ora di cammino, ma anche al cimitero di Calepodio ci sono tre quarti d'ora, cosicchè la fretta non spiegherebbe nulla. Più semplice è la supposizione che la cripta dei papi del cimitero di Callisto nell'anno 222 ancora non esistesse.

Dove sia il sepolcro del successore di Callisto, Urbano (222-230), non lo sappiamo.

La serie dei papi sepolti nel cimitero di Callisto comincia con Ponziano (230-235). Quando il De Rossi scoprì la cripta di papi trovò tutto orribilmente devastato. I loculi erano aperti e le iscrizioni giacevano frantumate fra le macerie. Si trovarono soltanto le iscrizioni di quattro papi: Antero (235), Fabiano (235-50), Lucio (253-254), ed Eutichiano (275-283). Nel 1907 mentre si eseguivano nella vicina cripta di S. Cecilia lavori di rinforzo, resisi necessari per uno slittamento del terreno fu trovato un pozzo pieno di macerie, dalle quali il Wilpert trasse l'iscrizione di Ponziano ridotta in frantumi. Si ritrovarono inoltre in questo medesimo cimitero, ma fuori della cripta dei papi, le iscrizioni di Cornelio (251-253), di Caio (283-296) e di Eusebio (310). Tutti questi Papi erano sepolti, secondo il fidato catalogo del 354, cioè la cosidetta « Depositio episcoporum », nel cimitero di Callisto; vi erano inoltre, Stefano (254-257), Dionigi (260-268), Felice (269-274) e Melchiade (311-314), dei quali non ci è rimasta alcuna iscrizione; vi era pure il papa martire Sisto II (257-258).

Sisto era sepolto nella grande tomba sul suolo

della cripta, dove ora è l'altare. La cripta contiene 16 loculi: poichè già Caio era sepolto fuori, essa dovette essere al completo con la morte del suo predecessore Eutichiano († 283). Poichè nella cripta furono sepolti solo otto Papi da Ponziano ad Eutichiano (con Sisto nove), bisogna ammettere che là riposano pure alcuni che non furono Pontefici.

La cripta dei papi e la regione che si svolge attorno ad essa nel cimitero di Callisto è, per chi in qualche modo sa pensare storicamente e comprendere il linguaggio dei monumenti, uno dei luoghi più impressionanti di tutta l'antica Roma. Qui noi siamo nel centro della storia dell'antica chiesa.

Ponziano (230-235) tenne un sinodo nel quale confermò la deposizione di Origene già pronunziata dal vescovo di Alessandria; suo merito principale è però la composizione dello scisma di Ippolito. Ippolito, antipapa dal 217 al 235, è una delle più notevoli figure dell'antica chiesa romana. Superato in sapere al suo tempo solo da Origene, di costumi severi, di forti passioni, infaticabile lavoratore fino in età avanzata, sotto il lungo pontificato di Zeffirino era, come presbitero, il più grande teologo del clero romano. Già fin d'allora sembra che l'abbia amareggiato il non potere fare trionfare in tutto le sue vedute; quando poi, dopo la morte di Zeffirino, non si vide eletto papa, come aveva sperato, ma sulla cattedra di Pietro salì Callisto, a lui personalmente antipatico, venne con lui ad aperta rottura. Ippolito si fece consacrare, non sappiamo da chi, vescovo, organizzò una comunità separata, che egli voleva fosse considerata come la vera chiesa, e lottò contro Callisto in modo indegno. Questo stato di cose durò pure sotto il pontificato di Urbano (222-230) e di Ponziano (230-235). La comunità di Ippolito, sembra che si sia fatta a poco a poco meno numerosa, poichè egli si lamenta dell'abbandono di molti suoi fautori. Aumentò però la sua fama letteraria: essendo in relazione con la corte imperiale, dedicò la sua Cronaca all'imperatore Alessandro Severo. Il successore di Alessandro, Massimino il Trace, fu di nuovo un persecutore e prese di mira in particolare i vescovi. Poichè a Roma ce ne erano due, Ponziano ed Ippolito, esiliò entrambi in Sardegna.

Quello che avvenne in Sardegna, lo possiamo solo congetturare. E' certo che in Sardegna Ponziano rinunciò alla sua dignità, primo esempio del genere nella storia dei papi. E' parimente certo che Ippolito prima della morte rinunciò al suo scisma e si riconciliò con la Chiesa; lo afferma espressamente Damaso nel suo epigramma in onore di Ippolito. Anche se Damaso avesse dedotto questa circostanza soltanto dal fatto che Ippolito era venerato come martire, la sua conclusione sarebbe esatta, poichè nella Chiesa cattolica uno scismatico o un eretico non fu mai oggetto di culto, anche se fosse martire. D'altra parte, poichè i papi non deponevano la loro carica anche se andavano in esilio, — nè Cornelio, nè Lucio, nè Eusebio la deposero —, dobbiamo supporre che Ponziano abbia fatto questo passo proprio con lo scopo di rendere facile lo stesso passo al suo avversario. Forse in questa occasione è andato perduto per noi uno dei più belli episodi della Chiesa antica. I due vecchi condannati a morte lottano insieme, e la magnanimità dell'uno aiuta l'altro a riportare una grande vittoria su se stesso, a confessare il grande errore della sua vita.

Ponziano ed Ippolito morirono in Sardegna, ma i loro corpi furono trasportati a Roma. Ponziano fu deposto nella cripta dei papi, Ippolito nel cimitero della via Tiburtina, che più tardi da lui prese il nome. Là gli fu innalzata la statua che oggi adorna il Museo del Laterano. Questa statua in sè non ci dice molto. La parte superiore con la testa è un restauro moderno; la parte inferiore, originariamente, apparteneva forse alla statua di qualche antico senatore. Fu poi adattata per Ippolito. Essa è importante perchè sui due lati del trono su cui Ippolito siede, è scolpito un elenco dei suoi scritti e il suo computo pasquale, che allora era considerato di particolare valore scientifico.

La seconda delle iscrizioni conservateci è quella di Antero (235), che fu eletto dopo la rinuncia di Ponziano e mentre questi era vivente, ma che morì alcune settimane dopo. Di lui non ci è tramandato che il nome, che è tipicamente di schiavo. Si può ritenere per certo che questo papa, al pari di Callisto, fu un liberto. Senza dubbio non ci si deve immaginare un liberto romano come un servo pensionato. I liberti erano, quantunque i nobili li guardassero dall'alto in basso, attivi e spesso assai benestanti. Sarebbe del tutto errato immaginarsi, come talvolta si fa, i cristiani dei primi secoli « gente bassa », e quasi l'« ultimo strato del popolo ». Proprio la cripta dei papi dimostra, sia per il lavoro architettonico, sia per le iscrizioni, una certa agiatezza ed eleganza, che non ha da temere il confronto con le migliori opere classiche del genere.

La terza iscrizione è quella di Fabiano (235-250). Cipriano parla di questo papa con grande elogio e anche in Oriente il suo ricordo era in onore, cosicchè egli più tardi venne annoverato tra i santi taumaturghi. Sappiamo che Origene diresse a lui uno scritto per difendersi dall'accusa di eresia. Attività caratteristica del suo pontificato sembra che sia stata l'organizzazione. Da lui ebbe origine la divisione del clero inferiore che è ricordata dal suo successore Cornelio: sette diaconi ciascuno dei quali aveva presso di sè un suddiacono e sei accoliti. Nel medesimo tempo divise la città in 7 zone per la cura dei poveri. Oltre questi 56 chierici e 46 presbiteri, c'erano pure altri 52 del clero inferiore (lettori, esorcisti, ostiari). Dalla scuola di Fabiano uscirono i papi: Cornelio, Lucio, Stefano e probabilmente anche Sisto II e Dionigi. Egli poi morì martire proprio all'inizio della persecuzione di Decio.

Gli successe, dopo un lungo periodo di sede vacante, Cornelio (251-253) forse il meglio conosciuto degli antichi papi e di cui possediamo molto più numerose notizie che non per esempio per il contemporaneo imperatore, Treboniano Gallo. Possediamo pure parecchie lettere a lui scritte dal famoso vescovo di Cartagine, S. Cipriano. Di lui abbiamo due lettere a Cipriano ed una a Fabio di Antiochia. Cornelio in un sinodo tenuto a Roma presenti sessanta vescovi, scomunicò Novaziano ed i suoi seguaci e gli riuscì di ricondurre alla Chiesa cinque preti romani, tra i quali il presbitero Massimo, che al principio aveva parteggiato per Novaziano. Nella cripta di S. Cornelio esiste l'iscrizione sepolcrale — che dovrebbe essere del terzo secolo — di un presbitero Massimo, dato però che tal nome ricorre con frequenza, non sappiamo con certezza se sia proprio quel Massimo che fece pubblicamente penitenza dinanzi a Cornelio.

Cornelio nel 253 venne esiliato dall'imperatore Gallo a Centumcellae (Civitavecchia) e morì poco dopo. Il suo cadavere venne trasportato a Roma solo nel 283 e sepolto nel cimitero di Callisto. La sua festa venne più tardi celebrata al 14 settembre insieme con quella del suo amico Cipriano. Sulla sua tomba Damaso appose una delle sue iscrizioni, che fu ritrovata sul luogo dal De Rossi nel 1852, ma in così cattivo stato che ora sono appena leggibili solo alcune parole. Sotto vi sono piccoli frammenti di un'altra iscrizione che potrebbe essere del successore di Damaso, Siricio (384-399). Più tardi la cripta fu ornata di pitture relativamente bene conservate: a sinistra papa Sisto II ed Ottato, un vescovo sconosciuto; a destra Cornelio e Cipriano. Il Marucchi attribuisce queste pitture alla seconda metà del VI secolo, il Wilpert all'VIII.

Il successore di Cornelio, Lucio (253-254), fu sepolto nella cripta dei papi. Egli pure, appena eletto, fu mandato in esilio, ma potè tornare a Roma dopo la morte dell'imperatore Gallo. Possediamo una lettera di Cipriano diretta a lui, nella quale il vescovo di Cartagine si congratula per l'esilio e per il ritorno. Nella sua iscrizione sepolcrale è singolare che il nome di Lukios è riprodotto nella forma familiare di Lukis.

Del papa Stefano (254-257), esso pure sepolto nella cripta dei papi, non ci è rimasta alcuna iscrizione, come pure del suo successore, il famoso Sisto II (257-258). Di questi però conosciamo il sepolcro che forma in certo qual modo il punto centrale della cripta.

Eusebio ci ha tramandato una lettera di Dionigi di Alessandria diretta a Sisto, lettera che forse non lo trovò più in vita. La brevità del suo pontificato durante la persecuzione di Valeriano non gli diede occasione di compiere grandi opere. Potè solo portare a termine la riconciliazione con Cipriano, che si era completamente guastato con il suo antecessore, Stefano. Sisto è diventato famoso per il suo martirio.

Cipriano annunzia ad un amico: « Sisto fu giustiziato nel cimitero nel giorno 8 prima delle idi di agosto (6 agosto 258) e con lui quattro diaconi ». E' la penultima lettera di Cipriano: cinque settimane dopo egli pure subiva il martirio.

Oltre queste notizie, abbiamo l'epigramma di Damaso su Sisto; epigramma che dà tutta l'impressione d'esser attendibile nei suoi particolari.

Il luogo è « il cimitero », certamente quindi quello di Callisto. Quando giunsero i soldati, Sisto stava predicando [8]. Si era perciò durante il tempo di una funzione solenne tenuta evidentemente in uno spazio abbastanza ampio vicino alla scala d'ingresso, e per il quale si può pensare alla stessa cripta dei papi. Damaso continua: « La moltitudine offerse il collo ai soldati. Quando il vegliardo vide che altri lo voleva precedere nella palma (del martirio) non lo permise, ma offerse sè ed il suo capo per primo affinchè i carnefici non colpissero altri ».

I soldati penetrarono dunque di sorpresa, ciò che significa che l'adunanza si teneva sottoterra. Era notte o appena di mattino, perchè dopo la predica si doveva verisimilmente celebrare la liturgia eucaristica. La moltitudine vede entrare i soldati e naturalmente comprende subito di che si tratta: tutti si stringono davanti al vescovo e fanno fronte contro i soldati. Non tentano una difesa violenta, si dichiarano anzi ad alta voce tutti pronti alla morte, accompagnando le parole con il gesto famigliare agli antichi: scoprono il petto alla spada o s'inginocchiano dinanzi ai soldati col capo inchinato, aspettando il colpo fatale. A percuotere, i soldati sono pronti, ma li trattiene la voce del vecchio pastore che risuona dal fondo, come quella di Gesù Cristo nell'orto che con la sua domanda: « Chi cercate? » aveva impedito una carneficina. Il vocìo cessa, la moltitudine fa largo, i soldati si dirigono verso il fondo, dove il vescovo siede ancora sul trono, avendo allora allora cessato di predicare; alla destra ed alla sinistra ha

---

[8] P. Franchi de' Cavalieri, *Note agiografiche* IV p. 122 (Studi e testi 24) 1912.

due diaconi. Il vescovo viene preso, condotto all'aperto e subito ucciso con i diaconi. Questo corrisponde alla lettera dell'editto imperiale nel quale si ordinava che i vescovi, i presbiteri ed i diaconi fossero « immediatamente » giustiziati, verosimilmente senza processo.

Sisto venne sepolto nella cripta dei papi. La lastra con l'iscrizione damasiana è scomparsa, ma vi fu posta una seconda iscrizione, i cui frammenti furono ritrovati dal De Rossi ed ivi ricollocati. In questa epigrafe Damaso parla dei « compagni » di Sisto, indicando così chiaramente i quattro diaconi, i quali poi furono sepolti parimente nel cimitero di Callisto. Da posteriori notizie si può concludere che allora anche altri diaconi furono uccisi, forse tutti e sette, anche se non tutti nello stesso giorno. Si suppone che Felicissimo ed Agapito, che sono sepolti nel cimitero di Pretestato, appartengano a questi diaconi. Il settimo sarebbe il famoso S. Lorenzo. Felicissimo ed Agapito sono certamente martiri storici, come S. Lorenzo. In ciò non vi è alcun dubbio. Ma non sappiamo con certezza se il loro martirio avvenne nella persecuzione del 258 oppure in quella di Diocleziano. Gli elementi caratteristici del racconto di S. Lorenzo: la confisca dei beni dei poveri, la morte sulla graticola rovente, si adatterebbero meglio alla persecuzione di Diocleziano.

Dei papi seguenti, Eutichiano (275-283) e Caio (283-296), dei quali possediamo le iscrizioni, non sappiamo nulla di preciso. Il loro pontificato si svolse nel tempo tranquillo che precedette la persecuzione di Diocleziano.

Marcellino (296-304), che morì durante la persecuzione di Diocleziano, ma non come martire, fu sepolto nel cimitero di Priscilla. Della sua tomba non ci è rimasto nulla, ma lo ricorda l'iscrizione del cimitero di Callisto che il diacono Severo si fece preparare « col permesso del papa Marcellino ». La tomba del successore di Marcellino, Marcello, secondo il liber Pontificalis, si trovava anch'essa nel cimitero di Priscilla, ma la « Depositio » che è molto più degna di fede, non ne parla. L'epigramma che per lui compose Damaso ci è conservato soltanto trascritto, cosicchè del luogo del suo sepolcro nulla sappiamo.

Eusebio venne eletto verso la fine della persecuzione, forse nel 310, ma fu subito esiliato in Sicilia da Massenzio, dove morì subito dopo. Il suo corpo fu portato a Roma e sepolto nel cimitero di Callisto, proprio vicino alla tomba del papa Caio. L'iscrizione che vi appose papa Damaso, sembra sia stata distrutta nel secolo VI dai Goti, poichè il papa Vigilio ne fece fare una copia su di una nuova lastra, che ora si trova ancora nella cripta, mentre si sono ritrovati alcuni frammenti della lastra originaria. Nell'iscrizione Eusebio viene indicato come martire, ciò che corrisponde all'uso, perchè egli morì in esilio, così come erano venerati come martiri i papi Ponziano e Cornelio. E' strano però che la « Depositio » del 354 non gli dia il titolo di martire.

Papa Silvestro (314-335) venne sepolto nella basilica da lui costruita sopra terra nel cimitero di Priscilla. Questa basilica, che venne scavata dal De Rossi nel 1890 e definitivamente dal Marucchi nel 1907, è situata proprio sulla tomba degli Acilii. In essa furono parimenti sepolti i papi successivi Liberio (352-366), Siricio (384-399), Celestino I (422-432) e Vigilio (537-555).

Non ci fu più un vero e proprio sepolcreto per i papi dal IV secolo in poi. Giulio I (337-352) se la costruì nel cimitero di Calepodio, sulla via Aurelia, dove riposava Callisto. Damaso (366-384), il grande amico delle catacombe, scelse per sè un luogo appartato del cimitero di Callisto, perchè, come ci dice egli stesso, voleva essere sepolto vicino ai martiri, ma non osava porsi in mezzo a loro. Vicino alla tomba di Damaso ci fu pure quella di papa Marco (336).

Anastasio I (399-402) e Innocenzo I (402-417) vennero sepolti Ad ursum pileatum (Ponziano), Bonifazio I (418-422) a S. Felicita sulla via Salaria. Tre papi, cioè Zosimo (417-418), Sisto II (432-440) e Ilario (461-468), riposavano nella cripta di S. Lorenzo sulla via Tiburtina; Felice III (483-492) in S. Paolo. Cominciando dal suo successore, Gelasio (492-496), per secoli i papi vennero sepolti quasi tutti in S. Pietro, dove già per primo Leone Magno (440-461) vi aveva eretto il suo sepolcro.

Le ossa dei papi sepolti nelle catacombe, compresi quelli della cripta dei papi, veneranda per antichità, furono più tardi trasportati nelle chiese della città. Così i loro sepolcri originarii caddero in abbandono ed in rovina.

IV

I SEPOLCRI DEI MARTIRI

Per i fedeli la vera attrattiva delle Catacombe tanto nell'antichità quanto nell'evo moderno è rappresentata dalle tombe dei Martiri. L'odierno visitatore rimane forse deluso. Se infatti nelle lunghe peregrinazioni attraverso le gallerie sotterranee incontra moltissime cose interessanti, non si imbatte però in un solo vero sepolcro di martire, in cui ancora riposino le sacre ossa. Tutto è vuoto. Le iscrizioni mancano. Ed allora vien fatto di domandarsi: « Quale certezza storica abbiamo per affermare che qui furono sepolti dei martiri? E questi martiri chi erano? Quale fu il loro numero?

Il caso più semplice lo abbiamo quando già nell'antichità fu inalzata una basilica sopra il sepolcro ancora intatto. E' vero che queste basiliche erano sopra terra, ma in genere erano disposte in modo che l'altare maggiore veniva a trovarsi proprio sulla tomba del martire. Nella parte anteriore dell'altare si trovava un'apertura, una fenestrella, attraverso la quale i fedeli calavano fino alla vera tomba dei piccoli oggetti, sopratutto pannolini, che poi portavano seco come ricordo. In questa fenestrella, che si può ancora vedere molto bene nell'altare della basilica dei SS. Alessandro, Evenzio e Teodolo sulla via Nomentana, si deve anche ricercare la ragione, per cui nelle basiliche cimiteriali — ed in esse soltanto — l'altare era regolarmente disposto in modo che il sacerdote celebrante riguardasse verso il popolo. Anche durante le sacre funzioni rimaneva aperto ai fedeli l'accesso alla fenestrella. Nelle basiliche cimiteriali difatti la cosa principale non era la celebrazione della s. Messa, ma la visita al sepolcro del martire.

Già nella prima costruzione di un tale tipo di basilica, non si potè fare a meno di distruggere parte dei locali adiacenti al sepolcro venerato. La cosa si ripetè nelle successive trasformazioni edilizie, a cui andò soggetta nel corso dei secoli la maggior parte delle basiliche. Tuttavia gli scavi permettono di stabilire la primitiva posizione, come ad es. è avvenuto in S. Agnese.

Dove adunque esistono antiche basiliche cimiteriali, la cui storia è nota, possiamo esser sicuri che ivi si trova o almeno si trovava il sepolcro del martire, anche se le reliquie possono già da lungo tempo essersi ridotte in polvere. Tali basiliche però vennero inalzate sui sepolcri dei martiri più celebri e più venerati, e difatti il loro numero è piuttosto piccolo. Esse sono innanzi tutto le due Chiese di S. Pietro e di S. Paolo, che originariamente non erano altro che basiliche cimiteriali, vengono quindi S. Agnese, S. Lorenzo, S. Sebastiano, SS. Nereo ed Achilleo sulla via Ardeatina, e S. Pancrazio. E' archeologicamente sicuro che questi son tutti martiri storici. Per la grande maggioranza dei martiri invece non abbiamo di tali basiliche che ci garantiscano l'esistenza del sepolcro, dobbiamo perciò rivolgerci ad altri criteri.

Il criterio più semplice sarebbe costituito da una iscrizione che si trovasse al suo posto — o come dicono gli archeologi: « in situ » —. Dovrebbe però trattarsi di un'iscrizione posta in occasione della chiusura stessa del sepolcro e non in tempi posteriori quando vi si eseguirono gli ornamenti. Purtroppo tali iscrizioni primitive sono scomparse quasi tutte, e, se prescindiamo da quelle dei Papi-Martiri, ne possediamo una sola rinvenuta dal P. Marchi in S. Ermete nell'anno 1845. Tale iscrizione trovasi ora nel Collegio di Propaganda.

E' sotto molti aspetti interessante conoscere come avvenne la scoperta. Il P. Marchi stesso ce ne dà il racconto nella sua opera sopra le catacombe [9]:

« La sera del venerdì santo 21 marzo 1845 Giovanni Zinobili, uomo sfornito affatto di lettere, caporale della piccola squadra de' lavoratori addetti alla custodia delle reliquie del palazzo apostolico affidata all'illustrissimo e reverendissimo monsignor Giuseppe Maria Castellani vescovo di Porfirio e sagrista del regnante pontefice Gregorio XVI, recavasi da me in questo collegio romano, ed avea nelle mani una carta in cui leggevasi rozzamente da lui trascritto quest'epitafio:

DP III IDUS SEPTEBR
YACINTHUS
MARTYR

---

[9] G. MARCHI, *Monumenti delle Arti cristiane primitive nella Metropoli del Cristianesimo*, Roma, 1844-47, p. 238-40.

Pochi giorni innanzi era io stato nel cimitero di s. Ermete dove il Zinobili lavorava: ónde gli chiesi in qual luogo preciso di quel sotterraneo avesse trovato la preziosissima iscrizione; egli risposemi, che in una stanza prossima all'arcosolio del musaico, e che la pietra era tuttavia ferma alla bocca del suo sepolcro. Come conservatore che io sono de' sacri cimiteri, gli ordinai di non ravvicinarsi il sabbato appresso a quella stanza: vi sarebbe tornato con me il lunedì di Pasqua. Il lunedì al primo nascer del sole era io nel cimitero insieme col Zinobili, coll'architetto Fontana e col pittore Bossi ... In quella mattina medesima feci che il pittore mi designasse il musaico, ed infrattanto coll'architetto misurai le parti tutte della pianta e della elevazione della cripta. Considerata quindi l'importanza del fatto e la convenienza di procacciare ad ogni sua parte la massima autenticità ordinai che ogni cosa si lasciasse nello stato in che era, e che i cavatori ad altri luoghi del cimitero si rivolgessero colle loro ricerche. Ritornai di poi in Roma; annunziai la bella scoperta al sovrano Pontefice e al Sagrista di lui monsignor Castellani, che l'accolsero con vivo interesse, e co' disegni e colle iscrizioni alla mano ripigliai quindi il mio studio, istituendo un minuto confronto tra ciò che di sè e de' suoi monumenti la cripta tuttora conservava, ed i fatti, i monumenti e le memorie scritte che intorno al sepolcro e alle reliquie de' santi Proto e Giacinto si trovan fuori del cimitero ».

Il P. Marchi racconta quindi molto distesamente l'apertura del sepolcro e l'accurata ricognizione delle sacre reliquie. Tra gli altri era presente un pubblico notaio, Angelo Monti, che ne stese una precisa relazione. Un secondo esame delle reliquie ebbe luogo il 29 aprile al Quirinale, alla presenza del suddetto notaio e delle competenti personalità ecclesiastiche, alle quali si aggiunse anche il professore di anatomia, Andrea Belli. Finalmente fu pròcurato un attestato del P. G. B. Pianciani, uno dei migliori chimici romani. Soltanto allora il P. Marchi si dichiarò contento.

Un caso simile lo abbiamo per il sepolcro ritrovato pochi anni or sono con l'iscrizione

NOVÁTIANO BEATISSIMO MARTYRI
GAVDENTIVS DIACONVS FECIT

Questo sepolcro è vuoto, però l'iscrizione si trova al suo posto primitivo in un piccolo cimitero, del resto sconosciuto, sulla via Tiburtina vicino a S. Lorenzo. Questo martire Novaziano, il cui nome non si legge negli itinerari e nei martirologi, è probabilmente il famoso scismatico e fondatore di setta del III secolo, espulso dalla Chiesa dal papa Cornelio nel 251. Ci troviamo così dinanzi al caso stranissimo che la sola iscrizione originale di un martire romano che si trova ancor oggi in situ, è di uno scismatico.

Però, nonostante il numero piuttosto piccolo di iscrizioni rimasteci, non è esclusa la possibilità di provare l'esistenza di altri sepolcri storici di martiri. Solo bisognerà applicare il giusto criterio, che sarà costituito non dalla forma del sepolcro (prima si credeva che ogni sepolcro più grande, il cosidetto arcosolio, dovesse essere tomba di un martire) o dalle « ampolle del sangue » o da altri distintivi simili, ma da quello riconosciuto come tale. Esso si riassume nella regola, oggi ritenuta generalmente valida: dove si possono provare tracce di *un culto antico,* ossia primitivo, è sicuramente stabilita l'esistenza del sepolcro e nel medesimo tempo la storicità del martirio.

Scegliamo come esempio il martire Crescenzio nelle catacombe di Priscilla. Non conosciamo il luogo preciso del sepolcro. Gli itinerari ne attestano la esistenza, però differiscono nel nome del martire: l'Itinerario di Würzburg ha Crescentius, mentre la fonte di Guglielmo di Malmesbury e i Mirabilia Urbis Romae hanno Crescentianus. Il Liber Pontificalis pone il sepolcro del papa Marcellino in Priscilla: « in una cripta vicino al corpo di S. Crescentione ». Un'iscrizione trovata nel cimitero di Priscilla suona:

FILICISSIMUS ET LEOPAR (da emerunt locum)
BISOMUM AT CRISCENT (ionem martyrem)
INTROITU

(= Felicissimo e Leoparda hanno comprato il sepolcro con due posti presso il martire Crescenzio vicino all'ingresso). Esiste inoltre sul posto un graffito che dice:

SALBA ME DOMNE CRESCENTIONE MEAM LUCE... (= guariscimi, s. Crescentio, i miei occhi).

Sebbene non si possa stabilire con precisione nè la data dell'iscrizione, nè quella del graffito e sebbene non si conosca la posizione del sepolcro del martire negli ambienti che qui vengono in questione, tuttavia queste indicazioni sono pienamente sufficienti per provare che Crescenzio fu un martire storico. Per apprezzare la forza di questa argomentazione è necessaria una certa conoscenza dell'origine e della natura del culto dei martiri.

Il culto dei martiri proviene dal culto dei morti, di cui originariamente ne ripeteva le formule liturgiche. Ancora al tempo di S. Cipriano non si distingueva con precisione tra la preghiera per i morti e l'invocazione della loro intercessione presso Dio. Si offriva il S. Sacrificio per i defunti, ancorchè fossero martiri. Tuttavia il culto funerario per un martire si distingueva fin dal principio non soltanto per una più numerosa partecipazione della comunità, ma sopratutto per la maggiore stabilità; trattandosi di una cosa che riguardava e il vescovo e la comunità, non veniva meno con la morte dei parenti più prossimi. Però anche più tardi il culto del martire tradiva la sua connessione col culto dei morti nel fatto che era legato esclusivamente al sepolcro. Una venerazione, per così dire, astratta dei santi non fu conosciuta dall'antichità. Più tardi, nel medio evo, accadde di considerare una leggenda come fatto storico e di incominciare a venerare un santo in realtà mai esistito, sebbene non siano poi frequenti i casi veramente provati di questo genere. Nell'antichità difficilmente ciò poteva accadere, poichè non si poteva con facilità falsificare un sepolcro, per lo meno non nel bel mezzo di una comunità.

Certo anche nell'antichità capitarono equivoci. Per es. il più antico calendario romano del 354 indica l'8 agosto sulla via Ostiense la festa de « Julianetis », ossia di una martire Giuliana, mentre il martirologio Geronimiano e i posteriori hanno « Juliani »: questa martire dunque fu in seguito ritenuta un uomo. Forse l'iscrizione aveva abbreviazioni oppure non era chiara. Ciò però non toglie niente al fatto della continuazione indisturbata della conoscenza di questo sepolcro di martire.

Stando così le cose noi possiamo dire che ci troviamo di fronte ad un vero sepolcro di martire, solo là dove troviamo antiche tracce d'una vera venerazione.

Ai segni distintivi di un culto primitivo appartiene, oltre alle iscrizioni, alle pitture e ai graffiti, anche — e sopratutto — la menzione nei calendari liturgici più antichi. Per Roma abbiamo due cataloghi liturgici di martiri: la cosiddetta « Depositio Martyrum » dell'anno 354 ed il cosiddetto « Martyrologium Hieronymianum », la cui primitiva redazione, ricostruita dal Kirsch, si deve porre verso il 400. Ciò che sorprende è che il catalogo posteriore contiene molti più nomi di martiri, ossia quasi tre volte più della Depositio. Molti critici hanno tratto da ciò la conclusione che il culto di molti martiri è sorto in seguito, dopo la metà del quarto secolo, quando non esisteva più un vero ricordo della persecuzione.

Questa conclusione non regge però ad un esame accurato. In primo luogo non vi può essere alcuno dubbio, che i nomi riportati dalla Depositio del 354 siano di veri martiri. Nel 354 non erano ancora passati cinquanta anni dalla fine dell'ultima persecuzione, ed oltre a ciò questi culti non erano stati introdotti per la prima volta in quell'anno. La Depositio è solo la consegna in iscritto di un calendario festivo allora in uso. Tuttavia è chiaro che la Depositio non vuol presentarci tutto il calendario festivo allora in uso, ma solo una determinata specie di giorni liturgici commemorativi, nei quali il vescovo con tutto l'alto clero si recava nelle chiese cimiteriali.

Il così detto Martyrologium Hieronymianum invece, sembra essere un calendario festivo di altro genere, ossia una lista probabilmente completa di tutte le feste dei santi allora celebrate (circa il 400), senza far distinzione sul loro grado liturgico, ossia se vescovile o soltanto locale. Non v'è adunque alcuna ragione, che faccia considerare come aggiunte posteriori le feste che si trovano solo nel Hieronymianum e non nella Depositio; possiamo quindi considerare i nomi del Hieronymianum come nomi di veri martiri.

Con ciò non si vuol dire che nell'anno 400 fosse ancora viva una vera tradizione o ricordo della grande persecuzione del 304-305 o delle precedenti, poichè essa era già molto indebolita al tempo del Papa Damaso (366-384). Difatti, per quanto possiamo ricavare dai suoi carmi — dei quali purtroppo molti sono andati perduti — Damaso ha conosciuto pochi dettagli concreti del tempo delle persecuzioni, ed anche questi pochi non li ha avuti da testimoni oculari.

Fa eccezione il caso ricordato nel suo epigramma su Pietro e Marcellino, che cioè egli stesso nella sua gioventù aveva parlato con colui che li aveva giustiziati entrambi. Verso il 400, una generazione dopo Damaso, si era ancora meno in grado di ricostruire martirî col solo ricordo.

Ciò però che si aveva verso il 400 ed anche più tardi, e per cui non c'era bisogno nè di memoria nè di ricostruzione, erano i sepolcri dei martiri, intorno ai quali allora, e solo intorno ad essi, si concentrava il culto. Che poi verso il 400 i sepolcri fossero nell'insieme genuini, intatti e conosciuti non si può mettere in dubbio.

Si dettero certo casi nei quali si ritrovarono, o si credette di ritrovare, dei sepolcri di martiri fino allora sconosciuti. L'esempio più classico è il ritrovamento fatto da S. Ambrogio a Milano nel 386 delle reliquie di Gervasio e Protasio. Molti critici rimangono scettici dinanzi a ritrovamenti di questo genere, sopratutto se avvennero in seguito a visioni e rivelazioni. Anche a Roma abbiamo un caso simile. Damaso riferisce nel suo epigramma sul martire Eutichio, che il luogo del sepolcro gli fu mostrato in una notte insonne [10]. Molti critici in simili occasioni parlano subito di « pia fraus », mentre con uomini come Ambrogio e Damaso bisognerebbe essere molto prudenti. Ma, anche se Damaso si fosse sbagliato ed avesse erroneamente preso per il martire Eutichio uno scheletro qualsiasi esumato fondandosi so-

---

[10] A. FERRUA, *Epigrammata Damasiana*, (1942) n. 21; Ihm n. 27.

pra una supposta illustrazione soprannaturale, non segue da ciò che in questo modo il catalogo dei martiri si sia inconsciamente arricchito di nomi. Ci è noto lo zelo spiegato da Damaso nell'ampliamento, nelle costruzioni e nei restauri eseguiti nei cimiteri. Egli rese di nuovo accessibili sepolcri interrati o inaccessibili. Riguardo ai SS. Proto e Giacinto egli dice: « Profondo sotto le macerie del monte giaceva il sepolcro nascosto; Damaso lo portò alla luce, poichè esso contiene sacre ossa » [11]. Andrebbe errato chi, stando alle parole di Damaso, credesse che fino allora di questo sepolcro non si fosse saputo assolutamente niente. Difatti la Depositio del 354 riporta agli 11 di settembre Proto e Giacinto in Basilla (Ermete). Perciò la festa di questi Santi era celebrata molto tempo prima dei lavori compiti da Damaso. Si sapeva chiaramente che là sotto, a notevole profondità, si trovava un sepolcro di martire, ma non ci si poteva arrivare.

Damaso ci racconta un altro caso di ritrovamento nel suo epigramma su Pietro e Marcellino. I corpi giacevano « nascosti sotto il suolo. Poi Lucilla, avvisata dalla vostra (dei martiri) grazia ha voluto deporre le sacre ossa in questo luogo migliore » (nel cimitero Ad duas Lauros, presso Torpignattara). Anche questa relazione si è voluta trovare « sospetta » [12]. Invece basta leggere l'intero epigramma per dissipare ogni dubbio. Il « furioso giustiziere » ossia

---

[11] DE ROSSI, *Inscr. christ.* II, 108.
[12] E. SCHAEFER, *Die Bedeutung der Epigramme des Papstes Damasus für die Geschichte der Heiligenverehrung*, Roma, 1932, p. 99.

l'ufficiale che pronunziò la sentenza, aveva dato l'ordine di sotterrare Pietro e Marcellino sul luogo del supplizio, perchè nessuno venisse a conoscenza del sepolcro. Al giovane Damaso ciò fu raccontato proprio dall'uomo che aveva eseguito l'ordine. Costui si ricordava ancora che i due cristiani avevano preparato la propria fossa prima del supplizio. Quell'uomo, che probabilmente nel frattempo era diventato cristiano, conosceva bene il luogo e lo indicò al giovane Damaso. Se adunque Damaso parla di « nascosti », non vuol dire che quel luogo era addirittura introvabile, ma solo che nessun segno attestava che là vi erano sepolti dei martiri. Ma, vivendo ancora il testimonio principale, si poterono ritrovare senza alcuna difficoltà. Forse il luogo era già da molto tempo notorio attraverso il racconto del carnefice. Damaso infatti non dice che la pia Lucilla venne a conoscenza della località per mezzo di rivelazione, ma solo che fu spinta dai santi a preparare loro un sepolcro più degno.

Ad ogni modo, il solo fatto che nel corso del ritrovamento si parli di una visione o di una illustrazione soprannaturale non ci dà il minimo appiglio per dubitare della storicità di questo martirio e dell'identità delle reliquie venerate in seguito.

I critici commettono facilmente l'errore di considerare l'illustrazione soprannaturale di questi rinvenimenti come la chiave del ritrovamento stesso. Ciò però non concorda per i casi che noi ben conosciamo. Nella relazione che Ambrogio mandò a Roma a sua sorella [13] nel 386, subito dopo il ritrovamento dei SS. Gervasio e Protasio, si dice espressamente, che «uomini anziani» avrebbero conosciuto il nome di questi martiri e letto la loro iscrizione sepolcrale. Perciò il luogo dove Ambrogio fece scavare era conosciuto. La «illustrazione» che lo aveva spinto a ricercare il sepolcro gli sembrò, come i miracoli dopo il ritrovamento, una conferma divina che egli non si era ingannato.

Del resto ciascuno pensi pure come vuole di tali ritrovamenti; essi sono delle vere eccezioni. La grande maggioranza delle tombe dei martiri era conosciuta fin dal principio e non fu necessario riscoprirle in seguito.

Ripetiamo perciò che la nostra regola è questa: dove si trovano segni di un culto antico, là esisteva un sepolcro di un martire storico.

Possiamo con sicurezza affermare che i martiri romani più conosciuti sono personalità storiche, sono veramente vissuti e sono veramente morti per la fede: Lorenzo, Sebastiano, Pancrazio, Nereo ed Achilleo, Processo e Martiniano, Pietro e Marcellino, Agnese, Emerenziana, Tarsicio, Largo e Smaragdo, Tiburzio, Sotere, Cecilia, Partenio e Calocero, Abdon e Sennen, Proto e Giacinto, Mario, Marta, Saturnino, Gorgonio e molti altri.

Riguardo alla questione se i nomi da noi conosciuti rappresentino o no la totalità dei martiri ro-

---

[13] AMBROSIUS *Epist.* 22, 12 ML 16, 1023.

mani, si può dire che per Roma possiamo mettere insieme poco più di cento nomi, che, dal culto prestato, si possono con una certa sicurezza stabilire come storici.

In primo luogo si deve osservare che il culto liturgico dei martiri fu introdotto a Roma relativamente tardi. Mentre in Africa appare come un uso stabilito già prima della persecuzione di Decio, ossia prima del 250, e nell'Asia Minore rimonta anche al secondo secolo, in Roma lo troviamo solo dopo il 258, ossia dopo la persecuzione di Valeriano. I martiri dei primi due secoli furono in certo modo dimenticati ossia non ricevettero alcun culto. Solo uno scrittore non cristiano, Tacito, attesta la « moltitudine ingente » dei cristiani uccisi sotto Nerone. S. Ireneo menziona il martirio del papa Telesforo. Del martirio di Tolomeo e Lucio parla Giustino nella sua seconda apologia. Di Giustino e dei suoi sei compagni, come anche di Apollonio abbiamo gli atti del processo. Certamente in Roma ci sono stati in questo tempo molti altri martiri, dei quali però non si è conservata menzione.

Dei martiri del terzo secolo hanno dapprima ricevuto un culto soltanto i vescovi, ossia Callisto († 222), Ponziano († 235), Fabiano († 250), Cornelio († 253) e l'antipapa Ippolito († 235). Sembra che ciò sia avvenuto soltanto nella seconda metà del terzo secolo, o che almeno il titolo di martire sopra le lastre sepolcrali di Ponziano, Fabiano e Cornelio sia stato scolpito più tardi. Il presbitero Mosé († 251) ancora non ebbe alcun culto. Forse possiamo da ciò concludere che anche gli altri martiri romani del tempo di Decio non erano ancora venerati. Anzi sembra che anche dopo la persecuzione di Valeriano il culto sia stato esteso ai soli chierici. Qui vengono in considerazione, oltre il papa Sisto II († 258), il diacono Lorenzo, se il suo martirio non è da porre piuttosto nella persecuzione di Diocleziano, e Felicissimo e Agapito, i quali con ogni probabilità erano anch'essi diaconi.

Perciò sembra che quasi tutti i martiri romani venerati in seguito siano della persecuzione di Diocleziano. Dal che si ricava che il numero totale dei martiri deve essere stato molto più grande di quelli di cui si può dimostrare il culto.

Inoltre, anche per il tempo posteriore all'introduzione del culto dei martiri, non possiamo senz'altro supporre che ogni martire ricevesse necessariamente il culto. Per lo meno era necessario che si conoscesse il suo sepolcro. Perciò dei cristiani dispersi od uccisi nella fuga o morti nell'esilio potevano essere martiri nel pieno senso della parola ed insieme rimanere senza culto, anche dopo la persecuzione di Diocleziano.

Si è posta la questione se nell'antichità vi sia stata una specie di approvazione ecclesiastica del culto, in modo che il culto fosse potuto sorgere o continuare solo dopo che l'autorità ecclesiastica avesse esaminato l'autenticità del martirio ed avesse dato il suo assenso. Si fa perciò appello ad un passo di Ottato, dove si parla di una donna che venerava abusivamente una reliquia proveniente da un martire non « riconosciuto »[14].

Senza dubbio nell'antichità si seguivano certi determinati criteri. Di fatti la Chiesa cattolica per principio non ammetteva al culto martiri eretici e scismatici. D'altra parte S. Cipriano dichiara di voler considerare come martiri anche coloro che erano morti non nel supplizio, ma in carcere[15]. Per quelli invece che erano morti in esilio sembra esservi stata un po' di indecisione. Tra i Papi, il titolo di martire lo ricevette in seguito Cornelio, morto in esilio, mentre ciò non fu fatto per Eusebio. Certo l'inserzione del titolo di martire sopra le iscrizioni dei papi ci fa pensare ad un certo regolamento ufficiale e non ad una iniziativa privata. Da ciò non si può dedurre un procedimento di approvazione sul tipo degli attuali processi di canonizzazione. La maggior parte dei culti è sorta spontaneamente, ossia per lo zelo del popolo e del clero locale.

Ma, che un santo divenisse « popolare » o no dipendeva da molte circostanze, più o meno come oggi non si può stabilire alcuna regola fissa perchè un luogo di pellegrinaggio sia più fiorente di un altro. Tra i sepolcri dei martiri ve n'erano senza dubbio alcuni che richiamavano una maggiore attenzione; altri di meno. Un sepolcro come quello dei Santi Crisanto e Daria, che per mezzo di una finestra permetteva di guardare nel vestibolo, nel quale giacevano ancora intatte le osse dei cristiani lapidati di-

---

[14] *Optatus I* 16, CSEL 26, p. 18.
[15] Cyprianus *Epist.* 12, 1 CSEL III/2 p. 502; *Epist.* 5, 2, p. 479.

nanzi alla tomba stessa, attirava l'attenzione più di una qualunque lapide sepolcrale. In seguito poi le leggende ebbero molto peso nell'attirare i visitatori in modo speciale presso singoli luoghi di culto. Questo è il caso dei martiri sulla via Ostiense, Largo e Smaragdo, i quali erano molto più « popolari » di Memmia e Giuliana, sebbene anche questi fossero ugualmente martiri come i primi.

Se questa considerazione è giusta, possiamo anche supporre che la prima origine di un culto sia stata legata a delle casualità.

In primo luogo un martire doveva essere abbastanza conosciuto. Oggigiorno un parroco di villaggio che conosce personalmente tutte le famiglie della sua piccola parrocchia, saprà, nel caso di una guerra, chi del suo villaggio è caduto, chi è ferito, chi è prigioniero e chi è disperso. Invece un parroco di una grande città oppure in un distretto industriale con popolazione molto fluttuante non avrà di certo tali precise cognizioni. E' vero che col tempo, volendo innalzare un monumento nella chiesa parrocchiale, arriverà a mettere insieme una lista più o meno completa di tutti i parrocchiani caduti, ma ciò gli è possibile con la collaborazione delle autorità che fin dall'inizio hanno annunziato alle singole famiglie i casi di morte ed anche perchè nessuno ha qualche ragione a tenere segreto un caso di morte. Se applichiamo questo paragone ad una persecuzione durata vari anni come quella di Diocleziano e alle relazioni di grandi città come Roma, ne vediamo subito le differenze. Qui non può venire affatto in questione una collaborazione delle autorità; difficilmente queste avranno dato schiarimenti al vescovo, al clero od anche ai parenti di un cristiano martirizzato. I parenti stessi, fossero essi pagani o cristiani, avevano ogni ragione, anche quando erano al corrente dell'esecuzione, di dar nell'occhio il meno possibile.

Perciò durante gli anni della persecuzione non esisteva un ufficio, per così dire, di registrazione, ed egualmente nella posteriore registrazione retrospettiva avevano insieme parte la scelta e il caso. Non segue da ciò che non possiamo fidarci delle testimonianze del IV secolo, ancorchè non fossero esclusi fin dal principio degli equivoci nell'uno o nell'altro caso; ne segue invece soltanto che la lista dei culti come ci viene presentata verso il 400 dal Martyrologium Hieronymianum, non è necessariamente una lista completa di tutti i martiri realmente avvenuti. Si tratta insomma di un catalogo dei culti, non di una storia ecclesiastica. Se infatti quando il culto dei martiri fioriva indisturbato, singoli martiri sono apparentemente caduti in dimenticanza, per es. un Nicandro, riportato dal martirologio primitivo al 17 giugno nel cimitero ad septem Palumbas, il cui sepolcro però non si trova indicato negli itinerari, tanto più può ciò essere avvenuto agli inizi. Abbiamo visto come per Marcellino e Pietro in Roma, per Gervasio e Protasio in Milano si era conservata qualche notizia presso alcune persone, sebbene il loro culto venisse introdotto solo più tardi. Dobbiamo adunque supporre che per altri il ricordo non si sia conservato così a lungo e che perciò non ricevettero culto alcuno.

Con ciò però abbiamo la sola possibilità. Ci si domanda ora se noi abbiamo indizi positivi per dire che originariamente furono più i martiri che in seguito i culti.

Gli stessi cristiani fin dal quarto secolo avevano la ferma persuasione che i nomi dei martiri da essi conosciuti attraverso il culto rappresentavano solo una frazione dei veri martirii. Ciò si ricava già dagli itinerari, i quali quasi in ogni cimitero, oltre i martiri nominati singolarmente, riportano ancora dei gruppi, o con espressioni generali come « e moltissimi altri », « molte migliaia », « e molti altri santi », oppure con numeri: « 365 martiri in un sepolcro ».

I numeri però dei manoscritti, anche dove sembrano alludere allo stesso gruppo, non si accordano quasi mai. Si hanno talvolta dei numeri molto alti, come 972 o 1222. E' chiaro che questi numeri non hanno alcun valore. Si è perfino avanzata l'ipotesi che questi pretesi sepolcri di masse debbano la loro origine ad un madornale equivoco cioè che siano sorti dal costume di provvedere con un qualche segno di riconoscimento i sepolcri dei comuni defunti, in caso che non portassero alcuna iscrizione. Ciascuno riporta dalle Catacombe il ricordo di quelle conchiglie od altri piccoli oggetti, che furono incastrati nella calce ancor fresca e che ancor oggi sono visibili dappertutto. Sembra che come tali segni di riconoscimento fossero usate anche delle cifre. De Rossi in un loculo munito della cifra LIX trovò le ossa di un solo bambino [16]. Si è perciò avanzata l'ipotesi che da tali cifre

---

[16] DE ROSSI *Inscr. Christ. I* p. 8; DELEHAYE, *Sanctus* p. 143.

sia poi venuta l'idea di sepolcri da gruppi. Ciò però è difficilmente credibile. Difatti pur ammessa ogni mancanza di senso critico, i cristiani romani non avranno però creduto che in un loculo di dimensioni ordinarie fossero sepolti molte centinaia di cadaveri. Inoltre — e qui sta il punto decisivo — le cifre avrebbero dovuto esser più costanti nella nostra tradizione; poichè allora gli stessi numeri sullo stesso sepolcro avrebbero dato occasione all'equivoco. Oltre a ciò non si può ascrivere un tale errore ad un conoscitore provetto come Damaso, il quale non solo compose un epigramma sopra gli anonimi sessantadue martiri, deposti presso Crisanto e Daria, ma anche nel medesimo cimitero di Trasone in un secondo gruppo riposto in una sola tomba, di cui egli non sapeva nè i nomi nè il numero [17].

Non si può dubitare dell'esistenza di sepolcri di gruppi con martiri sconosciuti, pur ammettendo posteriori malintesi ed esagerazioni. D'altra parte non dobbiamo pensare a gruppi troppo grandi. Nei cimiteri romani niente fa pensare a formali sepolcri di gruppi, in cui fossero riposte centinaia di salme. E' vero che nei secoli barbari dell'alto medioevo, quando si cominciò a sgomberare i cimiteri pericolanti o già andati in rovina e si trasportarono nelle chiese urbane molte e molte reliquie, furono costruiti ossari, ma questi non rappresentavano alcun punto di riferimento, poichè si procedette così alla cieca e senza alcun criterio storico. Per quanto ci è dato sa-

---

[17] FERRUA, n. 42 e 43.

pere di esecuzioni in massa al tempo delle persecuzioni, i gruppi non superarono quasi mai i quaranta o cinquanta, anzi la maggior parte restarono al disotto di tale numero. Ed anche qui non si deve senz'altro ammettere che coloro che venivano martirizzati insieme fossero deposti in un sepolcro comune. Il Papa Sisto e i suoi diaconi per es. furono deposti in sepolcri distinti, anzi con molta probabilità in cimiteri differenti. Se avvenne qualche seppellimento tumultuoso di molti martiri in una fossa, ciò dovette accadere quando non vi era assolutamente tempo e non v'erano i parenti degli uccisi. Questo caso può essere spesso capitato nei tempi burrascosi della persecuzione di Diocleziano, non dobbiamo però aspettarci anche qui numeri troppo elevati.

Tutte queste considerazioni ci portano a concludere che il numero dei veri martiri è molto più grande di quello di coloro dei quali possiamo dimostrare il culto [18], anche nella persecuzione di Diocleziano. Non si deve però con ciò lasciarsi andare a rappresentazioni fantastiche, ossia non si deve pensare a decine o centinaia di migliaia di martiri nella persecuzione di Diocleziano, poichè la comunità cristiana di Roma non poteva contare allora più di centomila anime.

---

[18] H. DELEHAYE, *Origines du culte des martyrs*, p. 458: Il y a donc beaucoup plus de martyrs qu'il n'y eut d'anniversaires institués.

V

LE TOMBE DEGLI APOSTOLI

Sulla tomba degli Apostoli Pietro e Paolo in Roma è stato scritto così gran numero di pagine, che raccolte formerebbero un'intera biblioteca. Questo fatto potrebbe suscitare l'impressione che qui si tratti di una cosa su cui non si potrà mai venire ad una conclusione, dato che su di una realtà semplice e facile a stabilirsi non pare che occorra spiegare tanta erudizione e far tante polemiche. Tuttavia, a scanso di malintesi, conviene dir subito che nel nostro caso le difficoltà ed i problemi non vengono dal fatto che si sappia troppo poco, ma proprio dal fatto che si sa troppo; cioè, l'abbondanza del materiale storico ed archeologico è così grande, che diviene difficile ridurre tutto ad una unità armonica. La realtà però fondamentale, il fatto cioè che San Pietro e San Paolo furono seppelliti a Roma, non viene in alcuna maniera intaccato da queste difficoltà.

Sia detto pure in antecedenza che la questione se e come Pietro sia stato sepolto a Roma, non è la stessa se egli sia poi stato davvero a Roma, se abbia fondato la chiesa ivi esistente e ne sia divenuto il primo vescovo. Le testimonianze che infatti abbiamo per tali avvenimenti sono del tutto indipendenti da quella della sua sepoltura ed i fatti restano inconcussi anche nel caso che non potessimo raggiungere alcuna conclusione sicura circa la posizione della sua tomba.

Ora su questo problema conviene, per procedere metodicamente, distinguere quanto è leggendario ed ipotetico da quanto è strettamente storico ed archeologico, e cominciare dai dati sicuri, forniti sia dalla storia che dall'archeologia.

E' anzitutto sicuro che Costantino costruì sul colle Vaticano la grande basilica, di cui, almeno una parte, è esistita fino ai primi anni del secolo XVII. Secondo un'iscrizione conservata nella vecchia basilica [19], fu terminata soltanto sotto il governo di suo figlio. E' altresì sicuro che l'edificio non fu eretto in un luogo qualsiasi, ma in una località stabilita ed in un certo senso imposta. Ciò risulta dai recenti scavi. Infatti per innalzare la basilica, i costruttori non solo occuparono un grande sepolcreto distruggendo o seppellendo importanti mausolei, ma, data la considerevole pendenza della località, dovettero fare delle poderose e straordinarie opere di fondazione e di sostegno e riporti di terreno per raggiungere una perfetta livellazione. Cosa questa che si sarebbe certo potuta risparmiare scegliendo un'altra zona di costruzione, se non si fosse dovuto far sorgere la basilica proprio in quel determinato luogo, in quanto che là vi era una tomba che doveva formare il centro non solo della basilica, ma anche dell'abside.

---

[19] DIEHL, n. 1753.

Quando si tratta di tombe di altri martiri noi siamo già soddisfatti quando le troviamo accennate nel corso del 4° o all'inizio del 5° secolo: ma ciò quando si tratta di tombe erette al tempo della persecuzione dioclezianea, all'inizio del quarto secolo, o al più di qualcuna delle altre persecuzioni antecedenti, del secolo terzo. In questi casi non v'è alcuna ragione di temere che qualche cosa sia cambiato in località tanto custodite, venerate e universalmente conosciute dai cristiani. Nel caso delle tombe degli Apostoli invece si tratta di tombe del primo secolo. Ora tra la morte di S. Pietro e la costruzione della basilica passano ben 250 anni, uno spazio di tempo come tra i nostri giorni e l'assedio di Vienna da parte dei Turchi. Se quindi in tutto questo frattempo non si sapesse nulla di quei sepolcri, si avrebbe motivo di pensare, se non alla probabilità, almeno alla possibilità di un errore.

Di fatto però noi possediamo un ricordo della tomba degli Apostoli all'incirca dell'anno 200, nella testimonianza di Caio. Di questo Caio sappiamo soltanto ciò che ne dice Eusebio, vale a dire che alla presenza del Papa Zeffirino (200-217) egli tenne una disputa contro il montanista Proclo, contro cui scrisse anche un opuscolo polemico. Tale scritto era conosciuto da Eusebio che ne riporta un brano nella sua « Storia della Chiesa ». Si tratta di quel celebre passo che si riferisce alle tombe degli Apostoli. Eusebio chiama Caio « Homo ecclesiasticus »: doveva dunque essere un Presbitero. La citazione suona così: « Io posso mostrarti i trofei degli Apostoli. Giacchè se tu vuoi andare sul Vaticano o sulla strada per Ostia, (ivi) troverai i trofei di quei due, che fondarono questa chiesa ».

Questo testo e questa testimonianza, sono stati oggetto di discussioni e fra l'altro è stato chiesto perchè Caio non abbia detto « tombe » anzichè « trofei », ossia monumenti di vittoria. Ora Eusebio, che certo conosceva il greco meglio di noi e potè leggere l'originale nel contesto, intese con questa parola le tombe degli apostoli. Ed infatti che cosa potevano essere « Monumenti di vittoria » se non i gloriosi sepolcri di S. Pietro e di S. Paolo?

Perciò, anche se non sapessimo altro, non vi sarebbe più alcun problema da discutere intorno al sepolcro degli Apostoli. Noi diremmo semplicemente: Costantino costruì la sua basilica sul posto dove allora, come cent'anni prima, si sapeva che si trovava la tomba di San Pietro. Non vi è il minimo fondamento di dubitare che là non fosse la sua vera tomba.

Il Calendario delle Feste Romane dell'anno 354 nota per il giorno III Kal. Jul. (= 29 giugno): « Petri ad Catacumbas et Pauli Ostense Tusco et Basso cons. ». In altri termini: « (La festa per) Pietro (avrà luogo) ad Catacumbas (dove oggi si trova la chiesa di S. Sebastiano); quella per Paolo alla strada verso Ostia. Nell'anno 258 ».

Questa notizia ha in sè due grandi enigmi: Perchè San Pietro nell'anno 354 veniva festeggiato in S. Sebastiano e non nella sua basilica al Vaticano?

Che cosa significa la data 258, anno della grande persecuzione di Valeriano?

Gli scavi sotto S. Sebastiano, che non solo sono tra i più interessanti, ma anche tra i meglio condotti tra quanti sono stati intrapresi nella Roma cristiana, non hanno sciolto questi due enigmi, ma ne hanno aggiunti degli altri. Oggi noi sappiamo che aspetto doveva avere l'antica basilica di S. Sebastiano, prima dei rifacimenti operati dal Cardinale Borghese nel secolo XVII, che la trasformarono completamente. Essa aveva tre navate e si differenziava dalle altre basiliche romane non solo perchè aveva pilastri al posto delle colonne, ma perchè le navate laterali giravano intorno all'Abside. L'altare era situato in mezzo alla navata principale, ma davanti non aveva la confessione. Le dimensioni della Chiesa erano abbastanza considerevoli: l'interno misurava m. 53 × 28; tutta la costruzione insieme col nartece e l'atrio era lunga oltre 70 metri. Delle Basiliche cimiteriali del quarto secolo era dunque la più grande, dopo quella di S. Pietro fino a che non fu costruita la seconda di S. Paolo.

Non sappiamo con sicurezza quando fosse costruita la basilica. Da un'iscrizione [20] si può concludere che nell'anno 356-7 era già adibita al culto. Tuttavia può essere che la costruzione sia stata cominciata già sotto Costantino († 337); anzi si potrebbe pensare che la basilica sia d'età precostantiniana, da-

---

[20] A. GERKAN, presso LIETZMANN, *Petrus und Paulus in Rom*, 2. Aufl. Bonn 1927, p. 292.

to che le caratteristiche costruttive non escludono del tutto una tale ipotesi. Eusebio [21] assicura che già prima del 303 « erano state già innalzate nelle singole città chiese fin dalle fondamenta ». Ora l'edificio del S. Sebastiano vecchio si scosta molto dalle costruzioni delle chiese romane del quarto secolo; sicchè anche in ciò si potrebbe trovare un indizio per ritenerlo anteriore a Costantino, appartenente cioè al regno di Massenzio (306-312).

Quantunque fin dall'inizio contenesse la tomba del santo martire Sebastiano, la chiesa nell'antichità fu chiamata costantemente col nome degli apostoli, e solo nel primo Medio Evo fu detta basilica di San Sebastiano.

Quando nel 1915 Antonio de Waal e Paolo Styger intrapresero ulteriori scavi sotto la parte anteriore della navata, verso oriente, avvenne una scoperta del massimo interesse. Si trovò un ambiente di considerevole ampiezza (in forma trapezoide), che un tempo dovette essere coperto da un tetto poggiante su pilastri. Nel mezzo doveva essere aperto come i peristilii pompeiani. L'intera parete orientale di tale ambiente è ricoperta di graffiti, nei quali ritornano continuamente i nomi dei santi apostoli Pietro e Paolo con invocazioni d'ogni specie. Le scritte sono in latino e in greco, alcune latine, ma con lettere greche:

« Paolo e Pietro, pregate per Vittore! »

« Paolo, Pietro, pregate per Erato! »

---

[21] EUSEBIUS *Hist. eccl.* VIII, 1,5.

« Pietro e Paolo, proteggete i vostri servi! Anime sante, proteggete il lettore! »

Parecchie iscrizioni fanno cenno allo strano uso del Refrigerium, una specie di banchetto funebre che si celebrava in onore degli apostoli.

« Io, Tomio Celio, ho tenuto il refrigerium per Pietro e Paolo ».

« Ai 14 prima delle Kalende di Aprile, io, Partenio, ho tenuto il refrigerium. In Dio. E noi tutti in Dio ».

« Dalmazio ha celebrato un refrigerium ».

« Io ho fatto un refrigerium presso Pietro e Paolo ».

Che anche i cristiani facessero, come i pagani, dei banchetti funebri sulle tombe dei propri congiunti o nelle loro vicinanze, lo sapevamo. Ma che tali banchetti rappresentassero un atto di culto lo apprendiamo soltanto ora da queste indicazioni. Questa specie di sala, dalla quale scende una scala che portava ad una fontana, è stata chiamata dagli archeologi « Triclia » (Sala da pranzo). Per noi sarebbe molto importante conoscere l'età a cui essa risale. Certo è che fu distrutta con la costruzione della basilica, e perciò al più potrà essere esistita fino al 350. Il Gerkan è del parere che essa sia sorta soltanto agli inizi del quarto secolo [22]. Ma contro tale opinione si presenta il fatto che in nessuno dei graffiti della Triclia si trova il monogramma costantiniano XP, men-

---

[22] GERKAN *presso* LIETZMANN, p. 282: niente dunque porta a datare la Triclia al tempo della persecuzione di Valeriano e tutto a porla all'inizio del quarto secolo.

tre esso si riscontra in parecchie altre iscrizioni e graffiti di altri ambienti sotterranei della stessa regione. Ora, nelle catacombe, l'assenza del XP è uno dei segni di epoca precostantiniana, e ci riporta nel terzo secolo. La Triclia dunque, anche se non era stata costruita da lungo tempo, certo lo fu nel terzo secolo, perchè fu distrutta prima dell'uso del XP, e perciò non più tardi dei primi anni del quarto secolo. Dato poi che la Triclia fu sacrificata a causa della costruzione della basilica costruita sopra, nell'assenza del XP nella Triclia abbiamo un nuovo punto di riferimento per datare l'innalzamento della basilica ad un tempo anteriore a Costantino o ai primi anni del suo regno.

Infine tra i dati di maggior importanza è da segnalare anche l'iscrizione damasiana: « Hic habitasse prius ». Purtroppo ignoriamo dove essa fosse originariamente collocata. Il suo testo completo ci è stato trasmesso solamente da manoscritti, ma nelle vicinanze della cripta di San Sebastiano ne fu ritrovata una copia incompleta del secolo XIII. Essa nella sua traduzione suona così:

« Tu che domandi sul nome di Pietro e Paolo, sappi: qui hanno un tempo abitato i due santi. L'oriente mandò i discepoli, lo ammettiamo; ma per ragione del loro martirio sanguinoso — essi sono saliti dietro a Cristo attraverso le stelle alla sede celeste e sono arrivati al Regno dei beati — Roma ha guadagnato con maggior diritto di considerarli come suoi cittadini. Questo vuol cantare Damaso a vostra gloria, a voi nuove stelle ».

La frase che ci interessa e precisamente quella:
« Qui i santi hanno dapprima abitato ». Quel « qui »
resta menomato nel suo valore dalla circostanza infelice che non conosciamo esattamente il luogo primitivo di collocazione dell'iscrizione, sicchè per noi
non resta che questo significato: qui, dove ora sorge
la basilica.

Ma cosa potrà significare quell'inciso, che dice
che ivi hanno « dapprima abitato » i due santi?

Compito degli storici è ritrovare una teoria, che
dia soddisfazione a tutte queste diverse scoperte con
tanti dati. Verso il 200 le ossa degli Apostoli si trovano al Vaticano e presso la strada che conduce a
Ostia. Dopo il 313, allorchè Costantino cominciò a
costruire le due basiliche, le cose sono allo stesso
punto. E ciononostante, molto probabilmente fin dal
terzo secolo, ad Catacumbas si praticava un culto
a tutti e due gli apostoli insieme. Anzi, ancora nell'anno 354, quando la basilica di San Pietro al Vaticano era forse già terminata, continua ad essere celebrata la festa di Pietro ad Catacumbas, mentre
quella di Paolo vien nella stessa epoca solennizzata
sulla via Ostiense. In tutto questo insieme l'anno 258
ha una parte principale. Questi sono i dati, tutto il
resto è teoria.

Già nella tarda antichità si credeva che le salme degli apostoli fossero state riposte ad Catacumbas. Come ciò fosse avvenuto e per quanto tempo vi
fossero restate non era cosa sicura e le opinioni erano assai diverse. Il Liber Pontificalis nel secolo VI
racconta del Papa Cornelio (251-253): « Questi su

preghiera di una matrona che si chiamava Lucina, di nottetempo, portò via dalle Catacombe i corpi degli apostoli, dei santi Pietro e Paolo. La beata Lucina prese prima la salma del beato Paolo e la ripose in un suo podere presso la strada di Ostia, dove egli era stato decapitato. La salma invece del beato Pietro fu presa dal santo vescovo Cornelio che la collocò presso il luogo dove era stato crocifisso nella vicinanza del tempio di Apollo, sul monte aureo, al Vaticano presso il palazzo di Nerone ai 29 di giugno ».

In una lettera di Gregorio Magno dell'anno 594 si trova la storia del trafugamento delle reliquie: « Nel tempo in cui essi (gli apostoli) soffrirono il martirio, vennero dall'Oriente alcuni fedeli per prendersi le salme dei loro conterranei (cioè degli apostoli). Le portarono fino al secondo miglio fuori di città, nel luogo detto ad Catacumbas, e le posero là a terra. Quando poi tutto il gruppo volle riprenderle per continuare il viaggio, vennero spaventati da lampi e tuoni e messi in fuga in maniera che nessuno di essi osò più tentare una simile impresa. Vennero allora i romani, che avevano meritato ciò dalla bontà del Signore, presero le salme e le riposero là dove ora si trovano ».

La apocrifa « Passio Petri et Pauli » così racconta la storia: Gli uomini d'Oriente rubarono le salme; un fortissimo terremoto allarmò i Romani, si rincorsero i ladri e si raggiunsero « in un posto che si chiama Catacumbas, presso il 3. miliario della Via Appia ». Là per il momento nascosero i santi corpi e dopo un anno e sette mesi si riportarono indietro nelle tombe originarie [23].

Oggi tutti convengono nel ritenere che questa storia sia derivata da una falsa interpretazione di quel tratto dell'iscrizione damasiana, dove si dice « Discipulos Oriens misit », dove però Damaso nel « Discipuli » intende gli apostoli stessi.

L'Itinerario Salisburgense, posteriore a Gregorio, non riporta la storia dei ladri, ma indica Ad Catacumbas: « Le tombe degli Apostoli Pietro e Paolo, nelle quali essi hanno riposato per lo spazio di 40 anni ».

Più tardi pare che ci si sia di nuovo attenuti di più alla narrazione del Liber Pontificalis, poichè un Privilegio per la chiesa di S. Sebastiano dell'anno 1520, scoperto dal Grisar, dice: « Dietro alla chiesa vi sono le Catacombe; ivi si trova un cofano nel quale furono custodite le salme degli Apostoli Pietro e Paolo per la durata di 252 anni. Esse furono tolte di là dal beato Cornelio Papa seguendo le istanze della beata Lucina » [24]. Lo stesso documento parla della tomba di San Pietro precisamente là « dove era stato deposto dai suoi condiscepoli » e lo stesso dice per quella di San Paolo.

Che tutte queste narrazioni siano tentativi di spiegazione e non una tradizione reale, appare a prima vista. Esse infatti si escludono a vicenda: da una

---

[23] LIETZMANN, p. 171.
[24] LIETZMANN, p. 155.

parte si dice che non vi fu nessuna deposizione delle salme Ad Catacumbas, ma soltanto il portento in occasione del trafugamento fatto dai ladri; da un'altra si dice che vi fu una temporanea deposizione Ad Catacumbas o per un anno e sette mesi o per quarant'anni; infine che vi fu tale deposizione Ad Catacumbas fin dall'inizio e che il trasferimento avvenne soltanto ai tempi del papa Cornelio.

Anche le interpretazioni odierne seguono vie diverse. Esse si possono ridurre alle seguenti:

1. teoria. — Pietro inizialmente venne seppellito, ossia deposto, Ad Catacumbas e in seguito trasportato al Vaticano. Ciò dovette avvenire prima del 200, poichè dopo di allora, come risulta dalla testimonianza di Caio, la tomba era al Vaticano. — Con tale ipotesi non si spiega come mai nel tardo terzo secolo vigesse un culto Ad Catacumbas, e nel quarto secolo vi si erigesse una basilica in onore di San Pietro, quando colà da lungo tempo non vi era più alcuna salma. Inoltre non si vede alcun fondamento per un simile trasferimento prima del 200. Si dice che si avrebbe voluto avere la salma sul posto stesso del martirio; ma questo non lo conosciamo, anzi quel cimitero pagano allora esistente sul pendio del colle Vaticano è un posto molto inverosimile per un supplizio. Oltre a ciò, nei primi tempi si veneravano le tombe, ma non i luoghi del supplizio. E' vero che a Cartagine molto più tardi si eresse una basilica in onore di San Cipriano al posto del suo martirio; ma non vi si portò la sua salma. Infine questa teoria non dice nulla dell'anno 258, mentre in tale anno

dovette in ogni ipotesi succedere qualche cosa d'importante, se i documenti ne fanno espressa menzione.

2. teoria. — Pietro inizialmente venne seppellito al Vaticano. Nel 258 le sue reliquie vennero trasportate Ad Catacumbas, ma presto furono riportate al luogo primitivo, ancor prima che al Vaticano fosse costruita la basilica. La ragione della traslazione fu la persecuzione di Valeriano negli anni 257-8, durante la quale i cimiteri vennero sequestrati. Finita la persecuzione, Gallieno restituì i cimiteri e le reliquie vi furono di nuovo trasportate. — Questa ipotesi pare oggi la preferita. Essa ha il vantaggio di spiegare il culto Ad Catacumbas nella seconda metà del terzo secolo. Comunque tale culto dovette perdurarvi anche dopo che non vi erano più le reliquie, a tal punto che nell'anno 354 la festa ufficiale di San Pietro veniva celebrata ancora Ad Catacumbas, nonostante che le reliquie non vi fossero più.

Una prova per il trasporto delle salme, il Lietzmann crede poterla trovare appunto in una notizia del calendario del 354. Lo stesso calendario infatti, oltre all'indicazione che riguarda i santi Pietro e Paolo, riporta anche in due altri punti delle date: al 19 maggio per Parthenius e Calocerus e al 22 settembre per Basilla, tutte e due le volte Diocletiano VIIII et Maximiano VIII = 304. Che qui si tratti di una traslazione, è possibile, ancorchè sia raro indicare una traslazione con una data annuale. Ciò posto, la notizia si dovrebbe leggere nel modo seguente: « La festa per Partenio e Calocero vien celebrata al 19 maggio »; questo non è il giorno della loro morte o il giorno della loro prima sepoltura, ma il giorno della traslazione, che ebbe luogo « nell'anno 304 ». — D'altra parte, in questo stesso calendario, quando si parla di quell'unica festa, di cui sappiamo con certezza che è per la traslazione e non per la morte di un santo, precisamente nel caso di Ponziano ed Ippolito al giorno 13 agosto, non si indica nessuna data di anno. Di più, se l'anno 258 segnasse la traslazione dei santi Pietro e Paolo, il calendario direbbe anche che Pietro in quest'anno fu portato a San Sebastiano e Paolo nel medesimo anno alla Via Ostiense; cosa questa che è impossibile.

Una difficoltà che si suol portare contro questa ipotesi, che cioè le salme non si potevano esumare senza permesso del Pontifex Maximus, si scioglie facilmente, quando si pensa che le leggi sul regolamento delle tombe non erano nella prassi osservate con rigore. Ciò ci consta da tanti esempi, senza dire che nel nostro caso i cadaveri dovettero essere esumati segretamente. Più seria invece è un'altra obiezione contro la teoria di una traslazione nel 258: perchè — si osserva — le reliquie di San Pietro si sarebbero dovute portare dal sepolcreto Vaticano, che era pagano, e quindi non minacciato dalla legge di espropriazione emanata nel 257, al cimitero Ad Catacumbas, il quale allora molto probabilmente era già cristiano, quindi da un posto sicuro ad un posto pericoloso? Si potrebbe dire: in un cimitero pagano la tomba era esposta al disprezzo ed alla profanazione. Ma ciò non ha nulla a che fare con la legge di espropriazione del 257; del resto in tutte le narrazioni del tempo delle persecuzioni non troviamo mai l'accenno a profanazioni di tombe, almeno a Roma. Ciò non era dell'uso romano: i cimiteri potevano bensì venir chiusi dalla polizia, ma le tombe restavano intatte.

3. teoria. — Le salme degli Apostoli non sarebbero mai state Ad Catacumbas. Il culto vi si sarebbe tenuto, precisamente l'anno 258, perchè allora non si poteva esercitare nei cimiteri pagani del Vaticano e della via verso Ostia. Era quella l'epoca in cui cominciava a Roma il culto liturgico dei martiri, ed era naturale che non si volesse lasciare nell'ombra proprio i due martiri principali, i capi, gli apostoli Pietro e Paolo. Quando poi Costantino costruì le due basiliche, il culto ritornò per se stesso alle due vere tombe, ma il posto Ad Catacumbas, dove si erano tenute originariamente le feste, rimase sempre venerando, sicchè anche là si volle segnare con una basilica tale ricordo.

La difficoltà principale contro tale ipotesi è l'iscrizione damasiana Hic habitasse prius, perchè « abitare » ed « abitazione » trattandosi di un defunto non può essere che il luogo dove riposano le sue ossa. La questione quindi è se ciò vale anche per il culto del santo.

Il santo infatti non abita propriamente nel sarcofago o nel loculo, ma egli dimora, invisibilmente, nel suo santuario, là dove è venerato, dove agisce, dove esaudisce le preghiere a lui rivolte. Normalmente il santuario coincide col luogo della sepoltura; tuttavia ciò può anche non verificarsi. Quando il

7 — HERTLING-KIRSCHBAUM. - *Le Catacombe*.

breviario romano d'oggi, parlando del Santuario di Lourdes dice: « Qui viene onorata la Vergine Immacolata come nella propria sede (in hac sua veluti sede Immaculata Virgo jugiter colitur) », nessuno dei fedeli, anche più semplici, penserà che la Madonna abiti veramente corporalmente in essa, e ancor meno penserà che ivi la Vergine sia seppellita. Nella antichità non si doveva pensare diversamente. Quando l'arcangelo Michele apparve al vescovo di Siponto dicendo che era sua intenzione « di abitare in quel luogo (Monte Gargano) sulla terra e proteggerlo » [25], nessuno, nè il vescovo nè i fedeli, avran pensato che l'arcangelo vi era sepolto.

L'Habitare di Damaso dunque può esser benissimo detto di un semplice culto senza che esso importi necessariamente la sepoltura. Più difficile a spiegare è il Prius. Quando infatti Damaso scriveva i suoi versi, la basilica Ad Catacumbas era eretta in onore degli Apostoli, che vi venivano onorati. In questo senso non poteva egli dunque dire: prima, tempi addietro, gli apostoli erano qui venerati. Dovette quindi esserci stato qualcosa prima dei tempi di Damaso, di cui si potesse dire: un tempo, oggi non più.

Oltre a ciò la località stessa di costruzione della basilica va contro all'ipotesi di un semplice culto «immaginario». La basilica infatti è costruita in un posto ben determinato e concreto, in modo del tutto simile alla grande basilica del Vaticano. Il ter-

---

[25] *Acta Sanctorum Sept.* VIII, giorno 29, p. 61.

reno in cui sorge San Sebastiano è molto scosceso, sicchè si possono vedere ancor oggi le importanti opere di sostegno, che furono necessarie per il lato verso la valle, e così pure le profonde fondamenta, che dovettero scendere ben in basso nel terreno sconvolto delle catacombe. Ciò si sarebbe potuto risparmiare, se non si fosse avuto dinanzi agli occhi la necessità di far sorgere la basilica proprio in quel luogo determinato, per poter avere nel mezzo di essa proprio quel tratto di terreno che tanto interessava. Se si fosse trattato semplicemente di un culto ideale, la basilica sarebbe stata costruita senz'altro in un'altra posizione.

4. teoria. — Questa considerazione porta da sè ad una nuova teoria, che ha pur'essa i suoi sostenitori: si tratterebbe Ad Catacumbas non di una tomba, ma veramente di un'abitazione nel senso stretto della parola, della casa cioè dove gli apostoli avrebbero vissuto durante la loro vita. Da ciò si spiega come Damaso potesse dire naturalmente: Habitasse prius. A prova di questa teoria si suole addurre l'iscrizione (graffito) Domus Petri, che si è trovata (nel 1912) in una vecchia cappella laterale della basilica. Questa cappella si trova sensibilmente al disotto del piano della basilica e termina le sue mura di fondamento dalla parte della valle. Ma dato che essa non è anteriore alla basilica, anche il graffito non può essere più antico del quarto secolo, anzi facilmente sarà più recente; esso può aver avuto origine da qualche visitatore, che aveva letta l'iscrizione di Damaso e aveva preso la parola Habitasse nel

suo senso letterale. Perciò tale graffito non ha un valore tradizionale indipendente.

La difficoltà maggiore è che nell'antichità un luogo di semplice ricordo senza i resti del martire, non diveniva sede di culto. Ma a ciò si può rispondere che la stessa obiezione va contro tutte le ipotesi considerate, perchè tutte sono costrette ad ammettere al minimo un culto ad una tomba vuota. Tuttavia possediamo il canone di un concilio africano, per quanto d'età posteriore, in cui si dice: « Un santuario ad onore dei martiri non deve essere costruito se non dove si trova il suo corpo o le sue reliquie, o dove una ininterrotta tradizione assicura trovarsi l'abitazione o un possesso o il luogo dell'esecuzione del martire stesso » [26].

Senza spiegazione resta di nuovo in questa teoria l'anno 258. Non rimane che supporre che in tale anno cominciasse in quel luogo il culto della casa di abitazione.

Così tutte le teorie hanno il proprio punto debole, e allo stato presente delle ricerche, dobbiamo dire che non si può decidere con sicurezza quale sia da abbracciarsi. Per concludere noi dovremmo dunque leggere la notizia del calendario del 354, intorno alla quale tutto si aggira, nel modo seguente:

« 29 giugno. La festa di Pietro » vien celebrata « in Catacumbas » e non alla sua basilica in Vaticano, « e la festa di Paolo alla via Ostiense »; la ragione di questa singolare disposizione è «l'anno 258».

---

[26] DELEHAYE, *Le sanctuaire des apôtres sur la voie appienne*, Anal. Bolland. 45, (1927), p. 305.

Abbiamo lasciato in disparte una teoria, che pur ha ancora oggi dei sostenitori: che cioè Pietro non sia mai stato a Roma, nè vi abbia sofferto il martirio, nè vi sia stato sepolto. La ragione si è che tale teoria non risponde, nè dà soddisfazione a nessuna delle nostre domande, nè sia alle testimonianze letterarie che ai ritrovamenti archeologici. Essa del resto non sorge da quesiti archeologici, ma da altre ragioni, e conseguentemente non vi sono i termini per poterne trattare. Cipriano aveva in Cartagine tre luoghi di culto, due basiliche fuori delle mura della città, una sulla sua tomba, l'altra sul luogo del suo martirio; il terzo era in città presso il porto, in un luogo anch'esso in relazione col suo martirio [27]. Se ora noi, per caso, non avessimo alcuna informazione autentica del martirio di Cipriano, dalle circostanze del suo culto noi verremmo ancora a sapere con certezza che egli era un martire cartaginese. Si potrebbe forse disputare se le singole stazioni commemorative siano state erette proprio nel luogo preciso, ma non si potrebbe assolutamente mettere in discussione la realtà del suo martirio. Precisamente lo stesso avviene per Pietro in Roma, con questa sola differenza: che nel caso di Pietro la ricchezza delle documentazioni circa il suo culto è estremamente superiore.

Taluni, che non hanno mai avuto l'occasione di interessarsi personalmente allo studio delle fonti e delle scienze dell'antichità, e per conseguenza si sen-

---

[27] DELEHAYE, *Sanctuaire des apôtres* p. 306.

tono con facilità delusi quando su una determinata questione « non si sappia di più », sappiano che nella storia antica si trovano molti fatti ammessi da tutti, come per esempio che Alessandro Magno sia morto a Babilonia o l'imperatore Augusto a Nola, i quali sono molto meno testimoniati e provati che non il fatto della morte e della sepoltura di San Pietro a Roma. Nessuno dubita che le ceneri di Traiano siano state collocate nella base della famosa colonna traianea, per quanto non ve se ne trovi più traccia; abbiamo in proposito solo testimonianze letterarie di Eutropio, Eusebio, Aurelio Vittore, Cassiodoro, Giordano — tutte assai posteriori, la più antica è fornita da Cassio Dione nel secolo terzo. La tomba di San Pietro è molto meglio testimoniata.

Notevole incongruenza è anche questa, che quei critici tanto zelanti ad impugnare la tomba di Pietro, ammettono poi senza discussioni quella di Paolo, come se nelle fonti vi fosse la menoma distinzione!

Nella prima metà del quarto secolo Costantino eresse le due basiliche del Vaticano e della via Ostiense. Questa prima basilica di San Paolo era molto modesta. Aveva il prospetto verso la strada e l'abside con la Confessione invece verso il Tevere, ossia verso occidente, come del resto fu solito farsi regolarmente nelle basiliche cemeteriali del quarto secolo. Questa basilica fu però ben presto sostituita da un'altra molto più grande. Dato che nè la tomba dell'apostolo nè la strada potevano essere trasferite, per dare alla costruzione un'area più ampia, la si orientò inversamente, dando all'abside la posizione verso oriente. L'opera, come ancor oggi viene ricordato da una iscrizione musiva all'arco trionfale, fu cominciata sotto l'imperatore Teodosio (379-395) ed ultimata sotto Onorio (395-423), la decorazione interna però fu compiuta soltanto dalla sorella di Onorio, l'imperatrice Galla Placidia, e dal Papa Leone Magno (440-461). Immutata nelle sue linee essenziali la basilica rimase così fino all'anno 1823, quando il famoso grande incendio distrusse la navata centrale del tempio e danneggiò gravemente la trasversale e l'abside; la sfarzosa ricostruzione però, ultimata da Pio IX, dà ancora oggi, nel suo insieme, le impressioni generali dell'antica basilica.

L'odierno visitatore può vedere a San Paolo con maggior chiarezza che a San Pietro, che per la costruzione dell'edificio non vi si aveva libera scelta della località; poichè il posto è uno dei meno adatti. La basilica sta lontano dalla città, molto vicina al Tevere ed è così in basso, che durante le sue inondazioni, fino ancora nei tempi più recenti, non raramente l'acqua penetrò nella chiesa. Che si sia costruito proprio in quel posto che è assai ristretto, chiuso com'è da un colle tufaceo a spiombo e dalla importante strada di comunicazioni per Ostia, non si può spiegare se non dal fatto che si aveva un determinato e non spostabile sepolcro, su cui si doveva innalzare l'edificio.

Tutta la località è piena di antiche tombe. Proprio vicino alla basilica si possono scorgere nelle rocce di tufo dei resti di colombarî. Lo stesso si osserva nel piano, dove vi è tutta una serie di tombe, coperte ora da una tettoia. La tomba dell'apostolo Paolo doveva esser simile ad una di esse, in mezzo ad un sepolcreto pagano.

Sotto l'odierno altare della basilica, che all'interno è vuoto ed ha due finestruole con inferriata ad oriente ed occidente, sta sul fondo una grossa lastra di marmo con l'iscrizione PAULO APOSTOLO MART(yri). Essa fu coscienziosamente esaminata da Hartmann Grisar [28], che in considerazione dei caratteri e dello stile la attribuì al tempo di Costantino. Oggi però si crede che essa sia piuttosto del tempo della seconda basilica, cioè della fine del secolo quarto. La lastra è forata in tre punti e questi fori si uniscono ad un piccolo vano, che si sprofonda di circa 60 cm. nella costruzione muraria sottostante. I fori servivano allo scopo di permettere che piccoli oggetti venissero avvicinati il più possibile alla tomba. Tanto la lastra quanto tutta la muratura che le sta sotto non furono mai rimosse. Tutto il luogo, di conseguenza, è forse ancor oggi nella stessa situazione, in cui era al tempo della costruzione sotto Teodosio. Noi non possiamo quindi sapere che aspetto avesse originariamente la tomba dell'apostolo, ricoperta poi da quell'opera muraria e da quella lastra. Probabilmente era una semplice cosiddetta forma, ossia una tomba in piano in muratura, senza sarcofago. Forse sopra vi era stata eretta una di quel-

---

[28] H. GRISAR, *Analecta romana*, (1899). p. 259 ss.

le piccole edicole tombali, così in uso ai tempi imperiali e di cui conosciamo tanti esempi.

Il complesso delle opere circondanti la tomba di Pietro è molto più ricco che quello della tomba di Paolo alla via Ostiense. E quanto sono familiari a ciascun pellegrino romano ed anche a quelli che non sono stati mai a Roma, l'interno della basilica di San Pietro col baldacchino di bronzo del Bernini, l'altare papale e la Confessione, riprodotti in tante cartoline ed immagini, altrettanto non è facile farsi un'idea esatta dell'insieme delle parti costruitevi sopra ed intorno.

L'altare papale è un grande blocco ben quadrato e sta così in alto, che è visibile da tutte le parti, anche quando la chiesa è piena di gente. Innanzi ad esso, dalla parte della navata centrale, ben profondo, è lo spazio dinanzi alla Confessione, un quadrato aperto terminante in un semicerchio dalla parte orientale. Tutto intorno alla balaustra stanno accese le famose cento lampade ad olio. Sotto si vede la bianca statua marmorea del Papa Pio VI inginocchiato. Di lì una porta di bronzo lavorato ad intagli e a cancellata porta in un piccolo locale vuoto, che si trova sotto l'altare papale.

Il pavimento della Confessione sta al livello delle cosidette Grotte, cioè di quell'insieme di corridoi che si diramano sotto il pavimento della grande navata, e il cui piano corrisponde a un dipresso al livello dell'antica basilica. Nello stesso piano sotterraneo un corridoio gira, in forma semicircolare, intorno al luogo sopra il quale è costruito l'altare papale. Dal vertice di questo semicerchio che giace nell'asse della navata longitudinale, si entra in una cappella a forma di croce, che ne riempie l'interno. La sua parete orientale, a cui sta appoggiato l'altare di San Pietro, si trova nuovamente nelle vicinanze sotto l'altare papale; se si sfondasse da questa parte si arriverebbe sotto l'altare papale fino alla porta di bronzo ed alla statua di Pio VI.

L'altare papale sorge dunque in un certo modo sopra un grande zoccolo o basamento, il cui piano è il livello dell'antica basilica, ed al quale si può arrivare da due parti della chiesa nell'asse principale. In questo o sotto questo basamento è da ricercarsi la tomba dell'apostolo.

Le più antiche notizie circa investigazioni e scoperte archeologiche in questo complesso di costruzioni datano dall'anno 1594, quando Clemente VIII fece innalzare l'attuale altare papale. Fino allora vi era ancora quello elevato da Callisto II (1119-1124). Clemente VIII lasciò che la nuova mensa venisse sovrapposta all'antico, più piccolo altare, senza rimuovere quest'ultimo. Durante questo lavoro si potè osservare attraverso le fessure o spaccature dell'altare di Callisto che esso a sua volta ne conteneva uno ancor più antico, che si suppose essere un altare fatto costruire dal papa Silvestro (314-336). Il papa fece subito chiudere queste fessure. Così risulta dalla relazione del Grimaldi che è degna di fede [29]. Più tardi si volle pensare che il papa stesso avesse visto

---

[29] C. RESPIGHI, *Rivista di Archeol. crist.* 1942, p. 9.

attraverso un'apertura scoperta allora, proprio la tomba originale di San Pietro con insieme la croce d'oro, che Costantino vi avrebbe, a quanto si dice, personalmente portato.

Sotto Paolo V, nell'anno 1615, lo spazio dinnanzi alla Confessione venne sistemato nella forma odierna. Durante tali lavori si scopersero sotto lo zoccolo una quantità di tombe, che subito si tennero per quelle dei primi papi. Si era a quel tempo persuasi dell'attendibilità del Liber Pontificalis, il quale, come è noto, dice che i primi papi erano stati deposti nelle vicinanze della tomba di S. Pietro. Si credette trovarne una conferma nella scoperta di un frammento d'iscrizione, sul quale si potevano ancor leggere le sole lettere LINUS. Tuttavia LINUS, come ha insistito il De Rossi, può essere la finale di parecchi nomi romani (come Catullinus, Anulinus, Marcellinus, ecc.); senza dire che se l'iscrizione fosse stata veramente quella del pontefice Lino, sarebbe stata scritta in caratteri greci e non in latini [30]. Quanto alle altre iscrizioni leggibili trovate in quell'occasione, Maesia Titiana c. f., Pomponia Fadiula c. f., hanno rapporto all'aristocrazia romana, ma non a papi.

Nell'anno 1626 sotto Urbano VIII si fecero degli scavi a destra e a sinistra dell'altare papale in profondità, per mettere le fondamenta delle colonne di bronzo del Baldacchino Berniniano. Su tali scavi abbiamo le relazioni più ampie. Ad una profondità

---

[30] LIETZMANN, p. 193.

di oltre quattro metri si arrivò al terreno solido, un pò dunque al disotto del livello delle Grotte. Anche allora si trovarono tombe pagane ed anche monete fino all'epoca di Gallieno (260) e di Massimiano (286). Così pure vennero alla luce tombe del primo medio evo [81].

Da tutte queste scoperte risulta che la tomba dell'apostolo Pietro giaceva in un cimitero pagano, in uso fino alla fine del terzo secolo, cioè fino a poco prima che Costantino vi erigesse la sua basilica.

Le ultime indagini e gli ultimi scavi, intrapresi dal 1941, sono ora conosciuti solamente attraverso varie pubblicazioni preliminari [82]. Da tali scavi risulta anzitutto con piena chiarezza che per la vecchia basilica si dovette ricavare una pianura artificiale da un terreno scosceso. Il piede del colle vaticano termina verso mezzogiorno ed oriente in direzione del Tevere in una pendenza assai forte, sicchè il piano orizzontale di costruzione veniva ad incontrarsi proprio nel posto della tomba di San Pietro con tale pendenza. Tutta questa parte del colle in discesa era ricoperta di mausolei, dei quali quelli che giacevano nella parte inferiore furono semplicemente ricoperti, gli altri che stavano più alto, vennero invece troncati.

Finora non ci si era potuto fare una visione esatta del complesso, perchè, stando sempre all'erronea

---

[81] LIETZMANN, p. 199.
[82] A. FERRUA, *Civ. Catt.* 1941, v. III, 358-365, 424-433; v. IV, 73-86, 228-241. C. RESPIGHI, *Riv. di Arch. Crist.* (XIX) 1942, 5-27. E. JOSI, *Il Vaticano nel* 1944, 188-200. E. KIRSCHBAUM, *Gregorianum* (XXIX) 1948, 544-557.

notizia del Liber Pontificalis, ci si immaginava la tomba di Pietro in non so quale favolosa profondità, chiusa da lastre di bronzo e decorata con una croce d'oro. In realtà la tomba di Pietro era alla superficie, come tutte le altre tombe di quel luogo, ed anche con la costruzione della basilica non diventò una tomba catacombale. Pertanto nell'antica basilica, chi veniva dalla navata, incontrava la tomba giacente nello stesso piano, proprio come ancor oggi in San Paolo. L'unica differenza con S. Paolo sta in questo che la tomba di San Pietro era situata più in alto. L'altare papale o meglio i varii altari papali costruiti gli uni sugli altri, e che utilizzano in un certo modo la tomba di Pietro come di piedistallo, sovrastano più di cinque metri il piano generale della chiesa, mentre in S. Paolo basta salire solo un paio di gradini.

Forse lo scienziato laico mostra d'essere deluso da queste scoperte; egli deplora che non si sappia « di più », che non si trovi « di più ». Ciò deriva dal fatto che egli vede la tomba di Pietro in una sua speciale luce, del tutto fuori dalle esigenze scientifiche, e non si rende conto che per riguardo alle ricerche archeologiche della tomba di San Pietro non bisogna aspettarsi niente di più e niente di meno di ciò che avviene per altre ricerche archeologiche.

Quando i primi cristiani ai tempi di Nerone seppellirono le spoglie dell'apostolo, non gli eressero una tomba regale di faraone egiziano, ma lo deposero nel modo come si solevano seppellire i morti in quei tempi a Roma. Vi sarà potuto essere un qualche Giuseppe d'Arimatea romano che può aver messo a sua disposizione la propria tomba di famiglia; ma anche in quest'ipotesi la salma sarebbe andata a finire o in una nicchia o in una semplice tomba a lastre aperta nel terreno. Basti ricordare il modo, come ancora in tempi assai posteriori, quando il culto dei martiri era già in fiore, molte eminenti personalità cristiane venivano sepolte: Cornelio per esempio, papa e martire, in un tempo, in cui tutti i mezzi erano a disposizione e non v'era alcuna persecuzione, ebbe una semplice tomba nel loculo di una parete, come mille altri cristiani.

Se poi ammettiamo, come del resto è sempre molto probabile, che la salma di San Pietro sia stata raccolta nel 258 e trasferita Ad Catacumbas, dobbiamo pensare che allora erano già passati quasi duecento anni dalla morte dell'apostolo, e che quindi del suo cadavere dovevano restare soltanto pochi resti, poche ossa e polvere che facilmente si potevano racchiudere in un piccolo cofano. Più tardi dopo il 260, ebbe nuovamente luogo il trasporto alla sede primitiva. Se in tale occasione i resti siano stati portati proprio nel medesimo posto di prima e se all'antica tomba siano state fatte delle mutazioni o no, non sappiamo. Comunque, ciò si ebbe certamente, quando all'inizio del quarto secolo venne costruita la basilica e sulla tomba fu innalzato l'altare.

Anche i tempestosi secoli seguenti non passarono senza tracce sulle tombe degli apostoli. E' vero bensì che i Goti, stando a quel che ne dice Procopio di Cesarea, risparmiarono nel sesto secolo le basiliche degli apostoli, benchè durante l'assedio della città fossero accampati nel loro recinto. Ma non sappiamo se nel 455 i Vandali abbiano avuto lo stesso riguardo, quando saccheggiarono la Città eterna. Quanto ai Saraceni nel secolo nono, essi non avranno rapito o magari manomesso le sacre reliquie, ma non avranno risparmiato le pietre preziose e gli ornamenti che dovevano decorare le tombe, sicchè nel lavoro di restauro può essere benissimo che vi siano stati dei cambiamenti. Infine bisogna anche calcolare la possibilità che nel corso dei secoli siano veramente state tolte parti delle reliquie; quelle del capo degli apostoli che sogliono ancor mostrarsi nella basilica di San Giovanni in Laterano, non sono l'unico esempio: lo fanno supporre anche altre tradizioni medioevali [33].

Quando pertanto noi oggi parliamo delle tombe degli apostoli, non dobbiamo immaginarci che vi sia un avello, chi sa a quale profondità, in cui sia contenuta una salma miracolosamente quasi incorrotta per diciannove secoli, ma, come per la maggior parte delle tombe di santi o di altri famosi personaggi della storia, dovremo dire: Ecco, questo è il luogo, dove le ossa sono diventate polvere, e dove il Principe degli Apostoli celebrerà un giorno la sua gloriosa risurrezione. Tanto basta perchè un cristiano credente ritenga un tal luogo degno della più alta venerazione.

---

[33] E. KIRSCHBAUM *Miscellanea Hist. Pontif.* n. 10 (1943), Die Reliquien der Apostelfürsten und ihre Teilung.

VI

LE PERSECUZIONI

Benchè il sangue dei testimoni di Cristo sia incominciato a scorrere fin dai primi anni della predicazione evangelica con il martirio di s. Giacomo e di s. Stefano, tuttavia fin dall'antichità gli storici hanno datato l'inizio delle persecuzioni dal tempo di Nerone. La causa di ciò deve verisimilmente trovarsi nel fatto che questo imperatore dette un fondamento giuridico alle azioni contro i cristiani se non per mezzo di una legge, almeno per mezzo di una pratica legale. Questa pratica legale iniziata da Nerone consistette probabilmente nel dichiarare che certe leggi erano applicabili ai cristiani, come per esempio quella di lesa maestà, la quale si prestava ad una interpretazione assai elastica. In questo modo possiamo comprendere la domanda indirizzata da Plinio il giovane a Traiano sul modo di comportarsi nei processi coi cristiani. Plinio conosceva il diritto civile e penale romano e se si fosse trattato di una legge non avrebbe avuto bisogno di schiarimenti, ma trattandosi d'una direttiva imperiale, potè giustamente domandarsi se il nuovo imperatore non avesse altre disposizioni da impartire.

Ad ogni modo la decisione di Nerone, chiamata da Tertulliano « Institutum Neronis », fu la causa di quella « ingente moltitudine » di martiri di cui ci parla Tacito e che Clemente accenna nella sua lettera ai Corinti. Questa ingente moltitudine non è da estendersi troppo, perchè dobbiamo supporre che la comunità cristiana di Roma a quei tempi non doveva essere numerosissima. D'altra parte non tutte le esecuzioni avvennero nello stesso tempo. Iniziata la consuetudine, i martirii andarono susseguendosi senza che l'imperatore dovesse esser presente ad ogni azione giudiziaria. E' quindi probabile che il martirio degli apostoli Pietro e Paolo sia da porre nell'anno 67 mentre Nerone si trovava in Grecia (dal settembre del 66 al marzo del 68). Se poi in quel tempo si ebbero esecuzioni anche fuori di Roma non ci è giunta notizia.

Eusebio invece, riferendosi ad uno storico a noi sconosciuto certo Brettio o Bruttio, ci parla di una più aspra persecuzione avvenuta sotto Domiziano (81-96). Non conosciamo però i nomi dei singoli martiri, nè altre notizie particolari, ad eccezione di quelle sul martirio di Flavio Clemente († 95), sull'esilio di sua moglie Flavia Domitilla e della condanna a morte di Acilio Glabrione, ammesso che egli sia stato veramente cristiano.

I processi contro i cristiani assunsero una determinata forma giuridica sotto Traiano (98-117). Il rescritto di questo Imperatore che, pur essendo indirizzato a Plinio il giovane, governatore delle Bitinia, aveva però, come tutti i consimili rescritti imperiali, valore per tutto l'impero, stabiliva:

1) « Non si devono ricercare i cristiani ». Questo significa che nessun pubblico ufficiale doveva istruire un processo contro qualcuno per il solo fatto che egli era cristiano. Doveva attendere che ne fosse presentata un'accusa. Nè questo deve meravigliarci, perchè corrisponde pienamente al diritto penale romano, che si distingueva dal nostro odierno specialmente per il fatto che gli mancava quello che noi oggi chiamiamo il pubblico Ministero.

Il giudice che nello stesso tempo era anche ufficiale amministrativo poteva iniziare un processo quando voleva, benchè generalmente attendesse che il delinquente gli fosse presentato da un privato accusatore.

2) Qualora sia presentato uno coll'accusa di esser cristiano, il magistrato deve intervenire e punire il colpevole.

3) Non devono però essere puniti coloro che davanti al giudice manifestino la volontà di abbandonare la fede cristiana e lo provino compiendo davanti a lui un atto di culto pagano. In tal caso non si deve procedere oltre.

Quanto al lato giuridico di questo rescritto diverse possono essere le opinioni; a noi basta constatare che con esso veniva creata quella che possiamo chiamare la situazione tipica del martirio. Perchè in tutto il processo contro i cristiani non si trattava tanto, come negli altri processi criminali, di stabilire l'esistenza di un delitto, questo era cosa assai facile trattandosi di cristiani, ma da essi si voleva costringerli a rinunziare alla loro fede, o meglio a compiere un atto del culto pagano che si potesse interpretare come abbandono della fede cristiana. Per questo negli atti dei martiri o di eventuali rinnegati non si legge che qualcuno abbia mai cercato di salvarsi negando di aver appartenuto alla religione cristiana, ma piuttosto che si svolgeva una lotta tra il giudice che cercava di salvare l'accusato persuadendolo alla cerimonia pagana ed il martire che voleva e non doveva cedere.

Non dobbiamo pensare che nella maggior parte dei casi i giudici fossero sitibondi di sangue. Essi per lo più volevano rimandarli liberi; usavano argomenti, promesse, minaccie e torture solo per smuovere la volontà dell'accusato. Per il magistrato romano non si trattava quindi che di far rinnegare la fede all'accusato. Per il giudice quello che internamente si poteva pensare e credere era del tutto indifferente. Nell'anno 257 il prefetto dell'Egitto Emiliano diceva durante il processo al vescovo di Alessandria Dionisio: « Chi impedisce dunque a voi cristiani di onorare questo Cristo (se è un vero Dio) assieme agli altri veri Dei? »[34]. La questione capitale dunque non era nel Credo dei singoli, ma nella loro appartenenza alla Chiesa, e tutto era concluso quando il cristiano aveva compiuto un atto che significasse che egli non apparteneva più alla comunità cristiana.

L'eroismo richiesto ai cristiani consisteva nel rimanere costanti nei momenti decisivi. Ed era eroismo ben maggiore di quello richiesto al soldato sul

---

[34] DIONYSIUS ALEX. presso Eusebio, *Hist. eccl.* VII, 11, 9.

campo di battaglia, perchè il soldato non può sfuggire ad una sorte che è affatto indipendente da lui; mentre per il martire bastava una parola, un cenno ed ogni pericolo svaniva.

Perciò anche i pagani più ragionevoli non potevano comprendere perchè i cristiani fossero così ostinati. A loro modo di vedere la cosa era tanto facile per i cristiani, ed un prefetto della Città, un vecchio magistrato pieno di moderazione domandava al nobile Apollonio, se era stanco della vita. E il nobile imperatore Marco Aurelio che sacrificava ogni inclinazione e opinione personale al dovere, alla ragione di stato, non poteva capire perchè i cristiani non facevano altrettanto, e nei suoi ' Soliloqui ' ebbe parole di biasimo per ciò ch'egli reputava ostinazione dei cristiani.

Contemporaneamente si può notare attraverso i documenti che non pochi magistrati si sentivano in una situazione penosa, quasi che dovessero compiere una azione violenta più che una procedura giuridica. Tertulliano rinfaccia a Scapula: « quanti magistrati ben più energici e crudeli di te non hanno voluto impacciarsi in tali processi contro i cristiani! » e gli porta esempi: Cincio Severo a Tistri durante un processo suggeriva le parole ai cristiani senza costringerli al sacrificio. E Vespronio Candido rimandò un cristiano al tribunale locale come sedizioso, ove fu naturalmente assolto perchè non gli si poteva provare nessuna sedizione. Ed Àspero all'inizio di una procedura dichiarò davanti agli avvocati ed agli assessori che gli costava doversi occupare con tali questioni, e perciò appena un cristiano dopo un piccolo tormento si dichiarava pronto a sacrificare, lo rimandava, manifestamente per far conoscere a tutti che non dava nessun valore ad un trionfo di tal genere; mentre il governatore di Asia, Arrio Antonio con minor delicatezza, ma con miglior chiarezza gridava ai cristiani raccolti davanti ai tribunali: Voi stolti, non avete precipizi o funi per ammazzarvi?

Essendosi nel frattempo venuti a procedimenti tumultuari, richiedendo cioè la plebe con grida l'esecuzione di qualche cristiano, come si legge del martirio di Policarpo di Smirne, la legislazione cercò di farsi sempre più regolare e serena. Così Adriano (117-138) ed Antonino Pio (138-161) nei loro rescritti inculcarono sempre più che venissero esclusi assolutamente tumulti e grida del popolo e si procedesse secondo le norme del diritto. Ma questo ebbe sempre come base l'antico rescritto di Traiano. Marco Aurelio nel 177 scriveva al Prefetto di Lione che si attenesse alle norme del rescritto traianeo.

Le fonti dirette sul martirio di singoli per il tempo che va sino a Decio, non sono molte, ma non dobbiamo perciò credere che i martiri siano stati pochi. Nella letteratura contemporanea troviamo infatti molti accenni al martirio come a cosa non tanto eccezionale. Così Tertulliano argomentava contro gli gnostici: O che dunque prima di Marcione e Valentino tutti i battesimi sono stati inutili, e *tanti martiri* han cercato invano la loro corona?[35] Lo

---

[35] TERT. *De praescr.* c. 29 ML 2, 41.

stesso Tertulliano nel suo ad Scapulam, accenna a persecuzioni locali delle quali non ci è stata tramandata memoria, mentre le speculazioni della scuola di Alessandria sul martire quale « vero gnostico » presuppongono appunto che il martirio fosse un evento abbastanza comune. Ed ancora nell'Apologetico Tertulliano rileva la relativa frequenza con cui il popolaccio lapidava i cristiani, incendiava loro le case, e malmenava persino i loro cadaveri senza che i magistrati intervenissero. Tutti fatti che indirettamente, ma non meno sicuramente ci fanno conoscere la relativa frequenza del martirio. E per citare ancora qualche esempio, è per puro caso che veniamo a conoscenza dell'esilio in Sardegna di molti cristiani di Roma, nell'anno 190, mentre dalle lettere di S. Cipriano veniamo a conoscere che a Cartagine vivevano, prima ancora della persecuzione di Decio, degli usi che si praticavano durante le persecuzioni. Scrive Cipriano: « Sotto i miei predecessori si è sempre usato che i Diaconi andassero nelle carceri per venire incontro ai desideri dei martiri con i loro consigli secondo l'istruzione della sacra Scrittura »[36]. E Tertulliano, divenuto ormai montanista, scherza malignamente sopra i banchetti che si costumavano dare nelle carceri ai confessori cattolici[37]. Per stabilire delle consuetudini, quali sono quelle ora riportate, non sono sufficienti i pochi martiri avvenuti prima di Decio di cui abbiamo notizia diretta; se quindi non possiamo ancora parlare

---

[36] CYPR. *Epist.* 15, 1 CSEL III/2 p. 513.
[37] TERT. *de jeiunio* c/ 12 ML 2, 970.

di migliaia come avverrà in seguito, anche perchè le comunità cristiane erano piuttosto piccole, non dobbiamo tuttavia credere che questo periodo sia stato tranquillo e non abbia visto scorrere il sangue.

La caratteristica delle persecuzioni del secondo secolo consiste nella loro continua sporadicità. Non vi fu un periodo di persecuzione sanguinosa seguito da un periodo di pace, ma in tutti i giorni ogni cristiano poteva attendersi che si iniziasse un processo contro di lui, processo che poteva senz'altro condurlo al martirio ed alla morte. Il fatto che per lunghi anni non si fosse celebrato un processo non dava nessuna sicurezza, bastava per esempio un nemico personale, per rendere imminente un pericolo di martirio. Significativo a questo proposito è il martirio di Giustino, avvenuto a Roma verso il 163.

Giustino aveva manifestato pubblicamente fino a quel tempo la sua fede. La sua scuola era aperta a tutti; a chiunque egli era pronto ad insegnare la sua filosofia, anzi aveva composto e presentato due Apologie all'Imperatore, senza venir per nulla disturbato. Ora nella seconda di queste, egli scrisse queste parole: « Io mi aspetto di esser accusato da uno di tal gente, per esempio da quel Crescente venditore di ciancie (philopsophos invece che philosophos) perchè filosofo non si merita di essere chiamato chi crede dei cristiani cose che egli non sa in nessun modo, che cioè noi siamo senza Dio ed atei ». Parole in certo senso profetiche, perchè ben presto si avverarono nella maniera più completa.

La caratteristica delle persecuzioni del terzo secolo è invece tutta diversa. In esse chi dirige tutto il movimento non è più il popolo o gli accusatori privati, ma lo Stato; e non si hanno più di mira dei singoli cristiani, ma tutta quanta la Chiesa.

La prima di queste persecuzioni avvenne sotto l'imperatore Decio (249-251). Fu condotta con un punto di vista unitario in quanto che era chiaramente fissato il metodo e lo scopo da raggiungere. Dalle notizie che possediamo, possiamo concludere che mirava a rovinare d'un colpo il cristianesimo, senza mirarlo direttamente. I cristiani fino allora si erano sempre lamentati d'essere trattati con procedimenti eccezionali, fuori legge, anzi contro la legge.

Il persecutore volle eliminare questi inconvenienti. Decise dunque di obbligare tutti i suoi sudditi ad un atto di culto pagano, dal quale nessuno avrebbe potuto venir esentato e che tutti dovevano compiere in un dato giorno davanti ad una data commissione. Per i pagani la cosa non aveva importanza. Erano così abituati a compiere i loro atti di culto a questo od a quel dio, in questo o quel luogo che senz'altro lo avrebbero compiuto; per i cristiani invece la cosa era ben diversa. Un atto di culto pagano significava per essi rinnegare la propria religione che lo condannava recisamente, e d'altra parte senza il libello (un foglio di carta debitamente sottoscritta dalla commissione) venivano a non essere in regola di fronte allo stato. Che la cosa avvenisse così, lo sappiamo ora che dalle sabbie dell'Egitto ci sono venuti parecchi di questi libelli. Ne conosciamo 41 e 34 di essi provengono dal villaggio di Teadelfia en El-Fajum. Eccone scritto uno come esempio. «Aurelio Diogene, figlio di Sabuti, del villaggio di Alexsandru Nesos, a quelli che sono stati posti come testimoni per il sacrificio. (Aurelio Diogene, scrive il segretario, di 72 anni, con una cicatrice sull'occhio destro). Io ho sempre sacrificato agli Dei, ora poi alla vostra presenza e secondo l'ordine dato ho compiuto il sacrificio, versato la libazione e gustato della carne sacrificata. State bene. Io Aurelio Diogene ho sacrificato. (Di altra mano) Io Aurelio Siro, testifico che Diogene (seguono delle lettere illeggibili, probabilmente vi era scritto: «alla nostra presenza») ha sacrificato. Nell'anno primo dell'imperatore Cesare Caio Messio Quinto Trajano Decio Pio Felice Augusto, nel secondo giorno del mese di Epif (= 25 giugno 250)».

Ecco dunque quanto voleva Decio: un atto da compiersi una volta sola, consistente nel versar un po' di incenso sulla brace davanti alla statua del dio, nel versar qualche goccia di vino da una coppa e nel gustar un boccone di carne, una cosa che si compiva molto in fretta, ma sufficiente per lo scopo prefisso: provocare una apostasia totale dei cristiani.

E la cosa parve andare come Decio aveva pensato. Verisimilmente la procedura non venne a conoscenza dei Vescovi, i quali nelle loro omelie, immaginando prossima una persecuzione sul tipo di quelle precedentemente avvenute avranno ammonito, fatto coraggio, spronato. Poi avranno atteso gli eventi. Ma questi li sconcertarono, e con loro tutti i cristiani.

A Cartagine, ad Alessandria, a Roma la persecuzione avvenne nello stesso modo e produsse lo stesso panico. Ce lo narrano Cipriano, Dionisio e ce lo attesta una lettera scritta da Roma a Cartagine.

Come la cosa sia poi andata nei suoi particolari non lo sappiamo precisamente. Probabilmente nelle grandi città si seguì l'ordine delle strade prendendo come base la lista dei vari padroni di casa [38]. Si stabilirono quindi determinati giorni per certe regioni della città, e in ciascuna si seguì l'ordine delle vie e delle case. Ma certo non fu un lavoro assai semplice.

A Roma, per esempio, si stabilirono sul Campidoglio tre commissioni, e davanti al tempio di Giove fu posta anche un'altra statua di divinità per accellerare i lavori. Poco prima della salita sedevano alcuni scrivani per redigere i moduli che i singoli non avevano portato con sè. Sulla cima del colle, davanti alle statue ed agli altari, sedevano colle commissioni altri scrivani che completavano i moduli e ponevano il bollo diremmo noi dopo che ciascuno aveva compiuto quanto era richiesto.

Quando cominciò la grande azione, si vide la gente andare in lunghe file verso il Campidoglio: i pagani vi si recavano come ad una cosa senza importanza; i cristiani invece, che non si sentivano di resistere, cercavano di nascondere il rimorso con una

---

[38] SVETONIO, *Julius Caesar*, c. 41.

certa sicurezza e con grandi proteste esteriori. Ma non riuscivano ad evitare le risa e lo scherno dei pagani. Dionisio di Alessandria ci narra appunto che qualche cristiano conosciuto quando volle scomparire tra la folla inosservato col suo libello firmato e compito, fu accompagnato dalla folla e dai monelli per lungo tratto [39]. Intanto davanti alle statue salivano nuvole di incenso e le vittime a Roma si succedevano, con tanta frequenza che il sangue, raccolto nelle tubature e inviato nel Tevere, riuscì a colorarne di rosso le bionde acque [40]. La cosa certo non poteva esser compiuta in un giorno. Dal mattino alla sera le commissioni compivano il loro lavoro ed un giorno dopo l'altro. I commissari potevano essere stanchi e voler andare a casa, ma Cipriano dice che si trovarono sempre dei cristiani pronti a far ressa e a pregare di esser fatti passare per poter almeno - dice ironicamente il Vescovo - dormire in pace la notte. Figurarsi la calca, se per esempio a Roma un mezzo milione di abitanti, quanti ancora ne contava, doveva passare davanti alle tre commissioni, tanto più che era stato fissato un termine entro il quale tutti dovevano esser provvisti del famoso certificato [41]. Questo stesso fatto ci spiega quello che naturalmente dovette avvenire. Non tutti i cristiani erano eroi e neppur tutti conigli. Parecchi quando videro il lavoro da cui erano oppressi i com-

---

[39] Cf. anche CYPR. *epist.* 8, 2 insignes personae.
[40] In quella che pur è leggendaria Passio Tryphonis, P. Franchi de' Cavalieri, Studi e testi, 22, (1909), p. 75-88.
[41] CYPR. *de lapis,* 2, CSEL III/I, p. 238.

missari, pensarono che si poteva trovare una comoda via d'uscita. Procurarsi un libello con una piccola retribuzione, (per il disturbo s'intende), senza scomodarsi ad andare per es. al Campidoglio e senza disturbare i poveri commissari, i quali saranno stati ben lieti di questo aiuto, anzi per mezzo di amici avran fatto sapere a questo e quello (specialmente se si trattava di persone danarose) che erano disposti a risparmiargli la fatica [42]. E così avvenne. Qualche altro poi agì ancor più spicciamente. Su un medesimo libello computò il padre e tutta la sua famiglia, moglie e figli e schiavi e contadini, fossero o no cristiani, lo sapessero o no. Anzi qualche gentile e previdente padrone di casa pensò bene di procurarsi un libello collettivo per tutti i suoi pigionali. Ne abbiamo degli esempi per l'Egitto e per l'Africa. Anche a Roma non tutti i pubblici ufficiali erano dei severi Catoni.

Così alla fine dei lavori delle commissioni la cancelleria imperiale ebbe una quantità enorme di libelli consegnati, una percentuale altissima di personale che furono ossequienti al decreto, ed i Vescovi si videro dinnanzi una quantità non indifferente di cristiani che col sacrificio o in altro modo tenevan in pugno il libello salvatore. Stando così le cose non pochi storici moderni esclamano: Masse intere di cristiani hanno rinnegato la loro fede [43]! Non bisogna

---

[42] CYPR. *epist.* 21, 3, p. 531; 55, 14, p. 633.
[43] LIETZMANN, *Geschichte d. Alten Kirche* I (1932), p. 163 « L'effetto di questa potente campagna è anche stato assai potente ». Giustamente Zeiller in Fliche-Martin II, p. 147: « le résultat pratique de la

esagerare. Certo, molti cristiani avevano sulla coscienza un peccato non tanto leggero. Ma avevano con ciò rinnegato la loro fede e la Chiesa? Questo è il punto della questione. Decio con la sua procedura aveva voluto provocare la rovina definitiva della Chiesa. Ora dopo che a monti erano stati consegnati i libelli e a monti giacevano nella cancelleria le lettere delle commissioni sui risultati magnifici raggiunti, ecco la Chiesa in piedi come prima, fu essa a vincere, non l'imperatore. Vincitrice non troppo gloriosa, perchè non c'era gran che da rallegrarsi, ma di fatto vincitrice, perchè Decio non aveva conseguito il suo scopo.

Ma allora perchè tanti cristiani si erano procurati il libello? Parecchi spiegano questo fatto come causato da una generale decadenza nei costumi. I cristiani erano aumentati, da parecchi anni non erano più avvenute persecuzioni, si sarebbero quindi intiepiditi. Ma non è questa la vera ragione. Essa va piuttosto cercata nella novità della tecnica persecutoria. Anche Pietro era pronto a morire per Gesù. Ma morire per lui combattendo, seguendolo chi sa dove, non certo in un cortile di fronte ad una servetta. Non pensava affatto a ciò, e perciò cadde. Così i cristiani. Avevano sempre sentito parlare di accuse, di interrogatori di martirii, ed ecco che Decio comanda una cosa tanto impensata! Spaventati, vanno, sacrificano o si procurano in qualche modo

---

persécution se trouva à peu près nul ». K. Bihlmeyer Tüb. Quart. 1910, p. 49: così era andata a monte la grande azione di Decio.

un libello e poi alle rimostranze del vescovo comprendono il male commesso.

Così dobbiamo giudicare senza esagerazione, dal momento che S. Cipriano vescovo e contemporaneo, che certo non mancò di tuonare nelle sue omelie, alla fine, a modi di conclusione, esce in queste parole: « I nostri peccati ci avevan meritato molto peggio. Dio, nella sua bontà ha diretto le cose in modo che tutto ciò che è avvenuto, è stato piuttosto una prova che una persecuzione »[44].

Si deve inoltre considerare che se molti cristiani non ebbero il coraggio di soffrire qualsiasi martirio per la loro fede, noi possiamo contare una lunga serie di eroi che senza discussione e senza timore compirono il loro dovere fino all'effusione del sangue. Il primo di tali cristiani fu il Papa Fabiano che morì il venti gennaio all'inizio della persecuzione, e come lui morirono martiri i vescovi di Antiochia e di Gerusalemme, mentre altri si salvarono colla fuga. La persecuzione non si limitò ai pochi giorni in cui si doveva eseguire l'editto. Siamo a conoscenza di una serie di nomi di ardenti confessori, chierici specialmente che a Roma vennero tenuti a lungo in carcere, e sappiamo pure che altre incarcerazioni avvennero ancora e tormenti e martirii. Naturalmente le autorità avevano compreso che le cose non stavano come le statistiche potevano far credere, e si continuò quindi a perseguitare quella Chiesa che non era per nulla sterminata, anzi era più forte perchè pa-

---

[44] CYPR. *de lapsis,* 5 CSEL III/1, p. 240.

recchi dopo il primo panico avevano ripreso animo ed ora confessavano senza timore la loro fede e sostenevano coraggiosamente ogni prova.

Nella primavera del 251 la morte di Decio portò la calma. Nell'anno 253 sotto l'imperatore Gallo, il Papa Cornelio venne imprigionato e deportato a Civitavecchia ove presto morì. Seguì qualche anno di quiete finchè nell'anno 257 Valeriano diede inizio ad una nuova grande persecuzione.

E' interessante il meccanismo escogitato. I persecutori avevano chiaramente compreso che il metodo di Decio non era adatto allo scopo. Neppure volevano far scorrere sangue se non come rimedio estremo. Studiando le ragioni perchè la Chiesa era tanto forte e si reggeva ad ogni tentativo di distruzione, compresero che la segreta energia consisteva nella costituzione interna saldamente gerarchica ed unita nelle mani dei vescovi. Distruggere l'organizzazione esteriore confiscando tutte le chiese private e tutti i cimiteri, cioè ogni luogo ove si radunassero i cristiani; far scomparire la gerarchia esiliando tutti i Vescovi: questo fu il nuovo metodo. Nessuno prima aveva pensato ad una confisca delle chiese. Ci si preoccupava dei cristiani, non delle loro adunanze, si martirizzava, non si esiliava il capo della comunità. Ora invece si sapeva che la forza era nell'organizzazione. Era quindi necessaria la confisca delle chiese e dei cimiteri, la citazione in giudizio dei Vescovi (ed abbiamo ancora frammenti dei protocolli giudiziari nella causa di esilio dei Vescovi di Alessandria e di Cartagine) e la condanna all'esilio. Cosa curiosa; sembra che a Roma questo editto del 257 non sia stato eseguito. Difatti il 2 agosto di quell'anno morì Papa Stefano e nello stesso mese venne eletto il suo successore Sisto II. E mentre in altre parti dell'impero i Vescovi erano mandati in esilio, Sisto potè restarsene indisturbato a Roma. Similmente non si prese nessuna misura riguardo ai cimiteri.

Ma nell'estate seguente (258) incominciò la persecuzione sanguinosa. Un secondo editto imperiale, seguendo le direttive del precedente, prese specialmente di mira il clero. Difatti proprio in questo tempo avvenne il martirio di Vescovi famosi, di cui ci sono stati conservati gli atti autentici. Essi erano: Cipriano che fu martirizzato a Cartagine il 14 settembre del 258; Fruttuoso che soffrì il martirio a Tarragona insieme con due diaconi il 21 genn. 259; Mariano e Giacomo furono martirizzati in Africa nell'aprile del 259. A Roma poi dobbiamo ricordare il Papa Sisto II che il sei agosto 258 subì il martirio insieme con quattro diaconi e parecchi chierici.

Cosa singolare in questa persecuzione è il fatto che essa divenne sanguinosa proprio quando cominciò quell'aspra lotta contro i Persiani che condusse all'esito infelice della spedizione ed alla prigionia di Valeriano.

Non durò a lungo, perchè quando il figlio di Valeriano Gallieno, prese il comando, cessarono le condanne, e furono restituite ai vescovi chiese e cimiteri.

Regnò così per alcuni decenni tranquillità e pace.

Nell'anno 303 ricominciò la persecuzione e fu quella di Diocleziano, la più sanguinosa di tutte. Fu anche la più metodica. L'imperatore, raccogliendo le esperienze del passato e servendosi del sistema poliziesco e burocratico che aveva saputo sviluppare ed adattare con vedute moderne, in una serie di editti mirò a colpire il cristianesimo nei suoi nuclei centrali. Confische di cimiteri e distruzioni di chiese, esilio e martirio di vescovi e chierici, qua e là anche un sacrificio individuale agli dei pagani, e, cosa nuova, distruzione dei libri religiosi e liturgici e di tutti gli archivi delle varie comunità.

Così avvenne, sebbene non dappertutto con la stessa violenza. Questa raggiunse il culmine nell'oriente, a Roma e in Africa. Nella Gallia e nella Spagna, dove governava Costanzo Cloro, padre di Costantino magno, tali ordini furono eseguiti solo in parte, dove però vennero messi in pratica, vi partecipò tutta la macchina statale. La polizia non si accontentò di citare i cristiani e di ordinare la consegna degli oggetti religiosi, ma eseguì perquisizioni nelle case e distruzioni sul luogo.

Così sappiamo che in Africa, per esempio a Cirta, secondo uno dei protocolli copiati poi nella controversia donatista e giunti sino a noi, la commissione incaricata perquisì tutte le case da quella del Vescovo a quella dell'ultimo chierico, prendendo e segnando tutto il materiale sospettato. Del materiale perquisito si faceva inventario, ed oggi noi leggiamo quante paia di stivali, quanti mantelli per la stagione piovosa, e quanti orci di olio erano in possesso della Chiesa per distribuirli ai suoi poveri [45]. Chi non consegnava quanto i funzionari ricercavano era condotto al martirio. Così avvenne al vescovo Felice di Tubizaca nell'Africa ed al diacono Euplio di Catania (13 agosto 304) per non aver voluto consegnare i libri sacri.

La stessa cosa avvenne a Roma. Si ebbero perquisizioni nelle case, confische e distruzioni di oggetti di culto e di scritti cristiani. Ed andò perduto l'archivio della Chiesa romana. Esso si trovava probabilmente nello stesso posto ove lo troviamo nel secolo seguente quando Papa Damaso vi fabbricò accanto la chiesa di S. Lorenzo dal suo nome in seguito detta S. Lorenzo in Damaso.

La confisca non si limitò ai libri, ma, stando alla lettera degli editti, si dovette estendere assai più in là, come appare dall'elenco delle restituzioni, ordinate nel 311 al termine della persecuzione. Il Liber Pontificalis parla di un terreno di una pia donna Ciriaca, confiscato nella persecuzione [46], che si può ben identificare con l'area del cimitero di Ciriaca sotto S. Lorenzo al Campo Verano. Non si sa se altri cimiteri di Roma subirono la stessa sorte. De Rossi, col suo solito acume, ha cercato di dimostrare che la cripta dei Papi nel cimitero di Callisto all'inizio della persecuzione venne colmata di sabbia per preservarla da profanazioni nel caso di una confisca [47].

---

[45] *Appendix ad Optat.* CSEL 27, p. 198.
[46] *Vita Sylvestri*, ed. Duchesne Lib. Pontif. I, p. 182.
[47] DE ROSSI, *Roma sott.* II; 2 p. 52-58; Allard La persécution de Dioclétien (1890) I, p. 188.

Se così sia poi realmente avvenuto, non lo sappiamo. Non lo possiamo neppur negare, stando ad una iscrizione trovata nello stesso cimitero e datata dal 307, perchè nei tempi relativamente più tranquilli sotto Massenzio, i cristiani avranno potuto riacquistare facilmente una parte dei loro beni. Ma anche se non possiamo portare documenti e precisazioni sullo svolgersi e sulla estensione della persecuzione in quegli anni, possiamo fondatamente concludere che specialmente i primi anni 303-305 furono per la comunità di Roma assai terribili. Ne abbiamo una prova nel catalogo dei papi.

Secondo questo catalogo conosciamo dei singoli fin dal sec. terzo non solo l'anno, ma anche il giorno della consacrazione e della morte. Facendo il computo [48] vediamo che le ordinazioni avvenivano per lo più nei giorni di domenica, come diventerà poi regola costante nel secolo quarto, e precisamente nella domenica seguente alla morte del Papa allora defunto. Così a mo' d'esempio, il 3 gennaio 236 morì il Papa Antero, ed il 10 gennaio venne consacrato il suo successore Fabiano. Lucio morì il 5 marzo 254 e la consacrazione del suo successore Stefano ebbe luogo il 12 marzo. La vacanza della sede non durava quindi che pochi giorni. Il catalogo di cui parliamo riferisce solo tre lunghe vacanze: tra la morte del Papa Fabiano (20 gennaio del 250) e la consacrazione del suo successore Cornelio (marzo 251) passa più di un anno; dopo il martirio di Sisto (6 agosto 268) dovranno

---

[48] C. H. Turner, *The papal chronology of the third century*. Journal of Theol. Studies, 17 (1916), p. 338-353).

passare quasi due anni prima che possa venir eletto il suo successore. Tutto questo avveniva durante le due grandi persecuzioni di Decio e Valeriano. La terza lunga vacanza della sede apostolica accadde dopo la morte del Papa Marcellino (15 gennaio 304) durante la persecuzione di Diocleziano, e durò quasi sette anni.

La ragione di questo lungo periodo di tempo tra la morte e la elezione del successore non si deve ricercare tanto nel timore che poteva aver invaso i cristiani, quanto nelle condizioni create dalla persecuzione. Che la carica di un Vescovo o di Papa portasse con sè un costante pericolo di morte era noto a tutti, come ce lo prova anche il detto attribuito a Decio che gli era più gradito sentir la notizia di un rivale sortogli contro che non quella dell'elezione di un Vescovo a Roma. Che durante una persecuzione lunga e sanguinosa non si potesse venire ad una elezione è comprensibile quando si pensi che le elezioni allora richiedevano l'assemblea riunita di tutto il popolo, di tutto il clero e dei Vescovi vicini, personalmente attivi nella scelta del candidato. Ora la riunione di un gruppo così numeroso di fedeli in tempo di persecuzione acuta era troppo pericoloso. In tali tempi si viveva separati, e solo in privato poteva correre la voce di quanto era accaduto a questo o quel cristiano, od anche al Vescovo, se fossero o no ancora vivi, se fossero in prigione, se avessero apostatato o altro. Quando si parla quindi di una elezione regolare, si può subito pensare ad un calmarsi o ad un cessare della persecuzione. Questo appunto accadde a

Roma durante la grande persecuzione di Diocleziano. Papa Marcellino morì il 15 gennaio 304 fuori di Roma e probabilmente non come martire. Uno solo dei cataloghi antichi, quello detto liberiano, gli dà un successore, ma è notizia poco sicura perchè priva completamente delle indicazioni del tempo in cui avvenne la elezione e la morte.

Una elezione fu tentata sotto Massenzio, parecchi anni dopo la morte di Marcellino, ma il nuovo Papa Eusebio venne immediatamente bandito in Sicilia, ove morì dopo pochi mesi. Una elezione regolare e definitiva avvenne solamente nel 311 alla pubblicazione dell'editto di Galerio. Coll'elezione di Papa Melchiade il 2 luglio 311, i nostri cataloghi incominciano di nuovo a darci la serie regolare dei Pontefici.

Nelle pagine precedenti abbiamo accennato a due problemi che non possiamo tralasciare prima di terminarne questo capitolo: La consegna dei libri sacri, e la questione donatista; la fuga dei Vescovi e dei cristiani nel tempo della persecuzione.

Abbiamo visto che gli editti di Diocleziano imponevano anche la consegna dei libri sacri. Fu questa anzi una delle particolarità della persecuzione, che veniva consegnata nei protocolli della polizia. Per i cristiani consegnare i libri equivaleva a rinnegare la fede, e « traditores » vennero senz'altro chiamati quelli che avevano ceduto alla legge iniqua. Quando a cose finite, sorse in Africa la controversia donatista, costoro con la mentalità tipicamente piccola e gretta del fariseo che magnifica la sua virtù di fronte al debole e peccatore, trattarono di scomunicati e

« traditores » anche ecclesiastici a loro poco graditi. Vollero anche portare la prova del delitto, e ricorsero perciò alla polizia e riuscirono così a copiare una quantità di relazioni più o meno compromettenti per una quantità di persone ecclesiastiche e laiche piuttosto in vista. Naturalmente si guardaron bene dal far notare che altro era aver consegnato volontariamente e spontaneamente i libri sacri altro era esserne stati trovati in possesso ed averli avuti confiscati. Per tal sorta di gente, le sfumature, anche se essenziali non sono mai comode, e vengon perciò lasciate da parte anche se la verità è totalmente falsata. Non dobbiamo quindi pensare che tutti quelli che sono stati accusati come « traditores » lo siano stati realmente. Oltre la distinzione essenziale già accennata dobbiamo ancora tener presente che parecchie volte furono giocati dei veri tiri birboni consegnando vecchie carte senza valore al posto dei libri sacri, e così si evitarono molestie e ulteriori perquisizioni.

Una seconda questione è quella della fuga in tempo di persecuzione.

Abbiamo detto che non dappertutto vigeva sempre la persecuzione, e che questa nei primi due secoli fu sporadica. Avvenne quindi che quando in un luogo incominciavano ad essere frequenti i processi e le esecuzioni, qualche cristiano emigrasse altrove là dove regnava la tranquillità. Tra questi vi furono spesso dei Vescovi. Ed era uso frequente, che al tempo della controversia donatista, testimoni oculari parlano di cristiani laici e chierici che senz'altro erano fuggiti sui monti. L'uso già risaliva ai tempi più antichi. Tertulliano, divenuto montanista, nel suo scherno mordente rimproverava ai cattolici di aver imparato dal vangelo specialmente le parole di Gesù: « andate da una città all'altra » e diceva che si incontravano dei vescovi che in pace tuonavan come leoni, ma che durante la persecuzione avevano gambe più svelte dei cervi [49].

Così parlava un eretico; i cattolici pensavano diversamente, perchè vescovi come Cipriano di Cartagine, Dionisio di Alessandria e Gregorio il Taumaturgo di Neocesarea, ornamento delle loro Chiese, in tempo di persecuzione non avevan esitato a fuggire. Difatti non ostante quanto può parere a prima vista, la fuga non era la cosa più semplice. Naturalmente bisognava abbandonare casa ed averi, ma il peggio poteva ancora accadere. Eusebio ci racconta [50] che durante la persecuzione di Decio, in Egitto molti cristiani erano fuggiti nei deserti e là vi erano periti di stenti. Molto peggio era cadere nelle mani di ladri e di incettatori di schiavi, quando non accadeva di incontrarsi con scorrerie di barbari, come racconta Gregorio il Taumaturgo. Qualche decennio prima della persecuzione di Diocleziano accadde ad alcuni di esser venduti come schiavi dagli ospiti cortesi che li avevano accolti. Di tali ospiti se ne incontrarono anche tra i cristiani, ed è comprensibile che Gregorio ne senta raccapriccio e sdegno. Concludendo: se parecchi cristiani di Roma o di altre parti dell'impero, durante la persecuzione di Diocleziano, cercarono di

---

[49] Tert, *de corona* 1 ML 2, 77.
[50] Eus. *Hist. eccl.* VI, 42.

salvarsi con la fuga, possiamo pensare che parecchi non rividero più le loro case o non vi ritornarono se non dopo penose odissee. Quelli poi che rimasero in città seppero dare buona prova della loro fede. Scorse frequente il sangue cristiano, tanto che la maggioranza dei martiri romani venerati in seguito subirono il loro martirio proprio in questa lunga e sanguinosa persecuzione. A Roma possiamo forse contare due periodi nella persecuzione. Il primo quando ancora dominava Diocleziano. Un po' di tranquillità sopravvenne per qualche tempo quando nel 306 dominò a Roma (non riconosciuto dagli altri augusti e cesari) l'usurpatore Massenzio, figlio di Massimiano Erculeo persecutore dei cristiani. Così ci fa pensare un passo di Eusebio, ma sta il fatto che la persecuzione non cessò, anzi ebbe ancora i suoi martiri e la situazione fu sempre tanto grave che non si potè mai procedere ad una calma e definitiva elezione del successore di Marcellino. Questa avvenne solo nel 311, quando Galerio, avendo pubblicato l'editto e perseverando Massenzio nel gioco di farsi credere legittimo sovrano per l'Italia dovette anch'egli pubblicare e farlo osservare, dando pace e restituendo i beni confiscati.

La vittoria di Costantino a Ponte Milvio spazzò via questa situazione equivoca e dette finalmente alla Chiesa la pace di cui aveva bisogno.

Furono sanguinose le persecuzioni? furono a milioni i martiri?

Milioni non sembra si debba dire. Al tempo di Diocleziano, quando i cristiani erano ormai molto diffusi nell'impero, se ne contavano da sei a dieci milioni; non si possono quindi contare a milioni per tutti i tre primi secoli. Ma non per questo le persecuzioni si devono giudicare meno sanguinose e meno terribili.

Anche se non ci si lasciava la vita, si poteva ancora aver patito fortemente nella persecuzione. Prigionie, punizioni corporali, esilî, fughe, confische dei beni o almeno danni economici rilevanti, dispersioni dei membri delle famiglie, tutto questo fu cosa di molti se non di tutti. E non era poco. Si aggiunga a ciò come minimo, sia al tempo dei processi contro i singoli, come durante le persecuzioni in massa, il timore continuo in cui si doveva vivere, il sentimento di assoluta mancanza di sicurezza per trovarsi senza un sostegno giuridico. Si legga lo scritto di Tertulliano sulla idolatria, in cui egli parla dei vari generi di vita e dei pericoli e conflitti ad essi connessi, e ci si potrà formare un'idea di quello che significava per un cristiano trovarsi in ogni momento a decidere per una linea di condotta che lo garantisse come cristiano, e come cittadino, e come membro di famiglia; quante rinuncie anche nella stessa vita privata erano imposte dalla minaccia che pendeva sul capo, anche nei tempi più tranquilli, e si vedrà che peso rappresentasse. Esser cristiano a quei tempi esigeva da qualsiasi fedele un coraggio e una fermezza non comuni, anche se non si sarebbe presentata per tutta la vita un'occasione di mostrarli fino al martirio. Solo così possiamo spiegarci l'entusiasmo suscitato da Costantino quando finalmente rese giustizia ai cristiani dando loro colla pace una esistenza sicura.

VII

LA VIA DEI MARTIRI

I sepolcri dei martiri ci si presentano quali il termine finale del combattimento ed il luogo del riposo dopo la lotta. Essi non ci indicano però la via, lo svolgimento della passione che li condusse a questo sepolcro onorato e venerato. Conoscere tutti i sepolcri dei martiri e tutti i loro nomi non ci gioverebbe ancora per farci un'idea dello svolgersi di queste lotte eroiche.

A tale scopo ci sono necessari dei racconti di testimoni diretti che ci descrivano gli avvenimenti. Purtroppo però ben pochi sono i documenti a noi pervenuti. E se magnifici sono gli atti dei Martiri di Lione del 177 o il « Martirio di S. Perpetua » a Cartagine nel 202, testimonianze simili per i martiri di Roma non ci sono state tramandate. Solamente per il martirio di S. Giustino († c. 163) e per Apollonio († c. 185) possediamo i protocolli giudiziari o documenti stesi in base a protocolli ufficiali; ma per la maggioranza degli altri martiri romani, non ci è giunto alcun documento contemporaneo. La mancanza che noi sentiamo era già stata avvertita fin dall'antichità, e si cercò allora di rimediarvi fabbricando atti dei vari martiri. Se la loro datazione però dai tempi barbarici del quinto e sesto secolo, quando cioè mancavano ormai le vere testimonianze, fa sì che tali opere servissero allo scopo voluto allora dell'edificazione, non servono a noi per una vera conoscenza storica molto più del romanzo di Wiseman « Fabiola » o di altri racconti di tal genere. Non per questo non possiamo più farci un'idea dello svolgimento di un martirio. Possediamo ancora scritti del tempo delle persecuzioni che ci permettono di formarci un'idea sufficientemente chiara dello svolgersi di un processo e della esecuzione di un cristiano.

A tale scopo ci servirà un'idea del tribunale, delle carceri e dei vari tormenti, mentre lo stato d'animo dei martiri ci apparirà chiaro dalle parole di alcuni di essi.

Il Tribunale o Prefettura della città era situato a Roma all'estremità del Colle Oppio, un poco al di sotto della odierna chiesa di S. Francesco di Paola. I muri antichi che si vedono nelle vicinanze sono opera medievale, ma le colonne di marmo scanalate, della vicina chiesa di S. Pietro in Vincoli, probabilmente sono state prese dal nostro edificio. Quale fosse il suo aspetto esteriore non lo sappiamo, come pure non sappiamo se le sferze sanguinose di cui parla Marziale [51] erano appese all'esterno in qualche modo come uno scudo, oppure sono un'espressione poetica per indicare che nell'interno dell'edificio si trovava la terribile camera della tortura. Accanto al nostro edifi-

---

[51] *Cruenta qua flagella pendent tortorum,* Marziale 2, 17.

cio dalla parte nord orientale si trovava il rumoroso quartiere della Suburra.

E' dunque in questo edificio che noi dobbiamo situare idealmente le comuni azioni giudiziarie contro i cristiani, ed ivi pure collocare le prigioni nelle quali la maggior parte di essi attendeva la decisione.

Certo v'era a Roma più di una prigione. Sappiamo che una era situata nel Castro Pretorio [52]. In essa erano carcerati i prigionieri portati a Roma per essere giudicati dal Prefetto del Pretorio, come fu il caso dell'apostolo Paolo nell'anno 61. Questi però ebbe dal Prefetto il permesso di alloggiare nelle vicinanze della caserma in una casa privata. La prigione che si trovava nelle vicinanze del Tevere e da cui prese il nome la chiesa di S. Nicola in carcere, verisimilmente appartiene al periodo bizantino [53], mentre è giunta fino a noi l'antica prigione di stato sulla via del Campidoglio: il Tullianum. Non sappiamo se questa prigione in cui era morto di fame Giugurta ed in cui era stato ucciso Vercingetorige, sia stata ancora usata nel periodo posteriore durante l'impero, e non è affatto inverosimile che in essa siano stati trattenuti gli apostoli Pietro e Paolo prima della loro esecuzione, anche se non possediamo di ciò una testimonianza diretta.

Nel tempo delle persecuzioni, quando il Foro romano aveva cessato di essere il luogo abituale dei giudizi, i prigionieri saranno stati portati nell'edificio

---

[52] JORDAN-HÜLSEN, *Topographie der Stadt Rom im Altertum*, I/3 (1907), p. 389.
[53] JORDAN-HÜLSEN, ibid. p. 514.

della Prefettura della città, in un carcere che non dobbiamo figurarci molto diverso dal Tullianum.

Difatti il diritto penale romano non conosceva il carcere come pena per un determinato periodo di tempo. La prigione doveva servire alla custodia dei rei ed allo stesso tempo alla loro tortura. Difatti il debitore insolvente era rinchiuso fino a che non si decidesse a pagare, ed i cristiani erano cacciati in prigione non in pena, ma perchè si persuadessero al sacrificio.

A tale scopo le prigioni erano costruite in modo che mancasse anche quanto è più elementarmente necessario alla vita. Lo « squalor carceris », l'immondizia di un carcere è una qualifica ordinaria degli antichi scrittori, e dobbiamo comprendere sotto questo nome non solo la mancanza di pulizia, ma anche quanto accompagna l'incomodità e cose indegne di un uomo.

Il Tullianum consisteva e consiste ancora in due ambienti coperti a volta e disposti l'uno sopra l'altro in modo che nel secondo si discendeva attraverso un foro praticato nel pavimento del primo. Naturalmente non si parla di aereazione o di un canale di scolo, e quando non vi era accesa una torcia doveva esserci buio pesto. Simile a questo doveva essere il carcere di Cartagine nel quale, nell'anno 202, Perpetua ed i suoi compagni attesero il martirio. Nelle sue note Perpetua ci parla del buio che da principio le incuteva gran paura, come pure della ressa, del terribile calore, e delle percosse dei soldati di guardia. Quando infatti Felicita, compagna di Perpetua, divenne madre, la cosa avvenne in mezzo al carcere e ai soldatacci. I cristiani di Cartagine riuscirono allora ad ottenere un po' di sollievo per i martiri. Esso consistette nella possibilità di passare qualche ora del giorno in un cortile o giardino e Perpetua che era anche essa giovane madre poteva ricevere presso di sè il suo piccolo lattante.

Che in tali circostanze fossero frequenti i casi di morte non fa meraviglia. Il vescovo Potino di Lione morì nel 177 per i dolori del carcere, e nel 251 similmente accadde a Roma al prete Museo. Cipriano voleva che essi fossero considerati come martiri anche se non erano venuti a contatto della spada del carnefice. Museo ebbe come ultima consolazione sulla terra una lettera del vescovo di Cartagine. In essa Cipriano in modo delicatissimo sa confortare ed animare i confessori accennando loro che stanno ormai nel carcere da più di un anno, un periodo di tempo ben più lungo di quello dato alle alte magistrature e che rendeva i detentori tanto superbi. Ed essi avevano visto o meglio non avevano visto nel carcere tutte le quattro stagioni dell'anno!

Un proverbio di oggi a Roma dice: Dove entra il sole non entra il medico! e chi conosce Roma si può immaginare che cosa significa non vedervi per un anno intero un raggio di sole!

Cipriano era venuto a conoscenza delle pene dei martiri romani per mezzo di un giovane africano che era stato in carcere con loro per un dato tempo. Si chiamava Celerino, non aveva ancora vent'anni ed apparteneva ad una famiglia di martiri. Sua nonna

Celerina era morta martire in una persecuzione precedente, come pure due suoi zii che erano stati soldati. Il giovane Celerino si trovava a Roma proprio nell'inverno del 249/250 quando scoppiò la persecuzione. Che cosa vi facesse non lo sappiamo, certo non attendeva agli studi, perchè la sua lettera al confessore Luciano, conservataci nella raccolta delle lettere di Cipriano, tradisce col suo cattivo latino una deficiente formazione. Con tutto ciò era stato perfino portato davanti all'Imperatore e, poichè non lo si era potuto persuadere in alcun modo a sacrificare, lo si era gettato in carcere e posto in ceppi. I prigionieri erano legati al terreno con le gambe divaricate il più possibile ed abbandonati poi in tale condizione. Celerino era stato così per 19 giorni e 19 notti senza potersi muovere. Fu poi rilasciato dal carcere, forse perchè non era originario di Roma, e si recò allora in Africa dove cercò il vescovo Cipriano nel suo nascondiglio. Questi scrisse che se qualche incredulo Tommaso dubitasse di qualche cosa, bastava che lo guardasse per convincersi di quanto il giovane aveva patito. Cipriano, commosso, lo ordinò Lettore e scrisse che lo avrebbe senz'altro ordinato sacerdote se non fosse stato così giovane. La sua costanza lo aveva meritato e volle che frattanto ricevesse la stessa rendita di un sacerdote in attesa di ricevere la consacrazione quando l'età glie lo avesse permesso.

Per i cristiani chiusi in tale prigionia, era raggio di sole la possibilità di ricevere visite. Qui i carcerieri ci appariscono veramente umani. Timore di una fuga non era da aversi, perchè i prigionieri erano incatenati o alla parete o al pavimento o ad una guardia e si poteva permettere una certa comunicazione coll'esterno.

Era così possibile procurare ai carcerati vettovaglie, lampade ed altre piccole cose che li potessero sollevare. La cura dei confessori giacenti in carcere, era nel tempo delle persecuzioni uno dei compiti principali del clero, e a un tale scopo doveva essere intieramente dedicata la cassa della Chiesa. La parola d'ordine data da Cipriano era: Non deve mancare loro nulla! Ed era cosa tanto sentita da tutti che anche i laici vi prendevano parte ed in modo così generoso e frequente che Cipriano dovette ammonire di aver prudenza e non andare in massa alle carceri per evitare che le autorità poi ritirassero il permesso. Il futuro fondatore di una setta, il prete romano Novaziano fu visto di malocchio perchè aveva evitato per un certo tempo di visitare i suoi fratelli carcerati, cosa che poi compì anche lui.

Di importanza particolare era certo la cura spirituale. Così i sacerdoti celebravano regolarmente nel carcere la Messa. Anche qui Cipriano ammonisce la prudenza. Qualcuno voleva addirittura tenere delle funzioni solenni, ed allora Cipriano ordinò che nelle prigioni dovesse celebrare un solo sacerdote con un solo diacono, e non sempre lo stesso sacerdote, per diminuire i sospetti.

Tutto questo accadeva davanti agli occhi dei custodi, i quali naturalmente sapevano che i visitatori erano cristiani e sacerdoti. Ma ciò loro non importava. Finchè non ci fosse una formale accusa contro di uno, lo si lasciava andare e venire liberamente anche se si sapeva che era cristiano e quindi colpevole dello stesso delitto dei carcerati. Che i custodi poi abbiano anche chiuso un occhio lo possiamo ben pensare specialmente quando sarà corsa qualche mancia. Con tutto ciò per i sacerdoti la cosa era sempre pericolosa.

In tali condizioni non dobbiamo meravigliarci che i prigionieri ricevessero lettere e che potessero anche dettare o redigere scritti abbastanza estesi pur rimanendo sempre le carceri un luogo terribile e di vero martirio.

Che cosa pensavano e provavano i Cristiani mentre attendevano la eventualità del martirio? Il loro stato d'animo ci è luminosamente descritto da Perpetua in un colloquio avuto col fratello incarcerato e che essa ci riferisce. Il giovane nel desiderio di sapere l'esito finale la incitava a domandare al Signore un segno che lo indicasse loro. Perpetua acconsentì e nella notte seguente ebbe un sogno nel quale le parve che il Signore stesso le porgesse il viatico pel futuro. Il mattino seguente lo narrò subito al fratello e « da allora noi lo riferimmo al martirio imminente; e incominciammo a non aver più speranza su questo mondo ». Gli stessi atti di Perpetua ci riferiscono ancora un discorso dei martiri quando già conoscevano la loro sorte decisa colla condanna a « combattere colle fiere », e sentiamo che uno desidera esser preso di mira da molte bestie per ottenere così una corona più bella, mentre un altro avrebbe desiderato un leopardo e non un orso del quale sentiva una certa paura.

Ma il loro pensiero principale, per non dire preoccupazione, era la perseveranza di tutti fino alla fine. Perpetua venne battezzata pochi giorni prima di essere incarcerata quando già sapeva che cosa sarebbe accaduto. Orbene nel momento del battesimo pensò di domandare una grazia speciale, e questa non fu altro che la grazia della « perseveranza ». Nel racconto composto dai confessori sopravvissuti ai martiri di Lione, vien riferito che durante i primi tormenti una decina di cristiani erano stati deboli ed avevano ceduto. Ciò causò agli altri « un dolore indescrivibile ». Ma gli infelici vennero poi poco a poco pentendosi del male commesso, si confessarono di nuovo cristiani e con grande gioia dei compagni vennero riuniti a loro nella stessa prigione. Pure a Lione tra i prigionieri si trovava anche una giovane schiava, Blandina, ed i suoi compagni temevano che a causa delle deboli sue forze non avrebbe forse potuto resistere. Ma era timore infondato: Blandina rimase fino alla fine la più ferma di tutti.

Questo già ci dimostra come i martiri restassero uomini nei loro sentimenti. Ce lo narra tipicamente Perpetua quando parla della visita di suo padre nella prigione. Il vecchio non era cristiano e quando vide sua figlia nel carcere si sentì sconvolto. Si gettò in ginocchio davanti a lei piangendo, le baciò le mani e la scongiurò di risparmiargli quella ignominia. Perpetua non ci nasconde quanto dolore le causò il vedere che suo padre unico della sua famiglia non potesse rallegrarsi del suo martirio, cercò di consolarlo, di persuaderlo, ma tutto fu inutile.

Le fonti ci parlano piuttosto raramente di slancio e di entusiasmo per il martirio. La cosa era in realtà troppo seria e spaventosa. Si diedero certo dei casi di un entusiasmo giovanile, come accadde di Origene che la madre chiuse in casa e cui dovette finalmente nascondere gli abiti per impedirgli di correre al tribunale a confessare d'essere cristiano. I vescovi avevano infatti proibito espressamente un tal libero slanciarsi al martirio. Tutt'al più si poteva giungere a fare come Antonio, divenuto più tardi tanto famoso, il quale trovandosi nel 311 nel deserto se ne venne in fretta ad Alessandria quando vi scoppiò la persecuzione. Non andò a consegnarsi spontaneamente al giudice, ma mischiandosi al pubblico andò sul luogo dove si tormentavano i cristiani ed ivi con segni e con parole cercava di incoraggiarli ed animarli. L'ufficiale notò l'uomo dalla pelle vellosa e dalla barba selvaggia e lo fece cacciare dal luogo del giudizio. Allora Antonio si rase la barba indossa un mantello pulito e torna di nuovo tra la calca. Ma non trovò quanto cercava e se ne tornò alla sua solitudine dolorante di aver perduto la grazia del martirio.

Il vecchio vescovo di Antiochia, Ignazio, al tempo di Traiano (98-117), mentre veniva portato a Roma per « combattere » colle fiere, mandò una lettera ai cristiani di Roma, nella quale li pregava istantemente di non pensare a cercar qualche mezzo per liberarlo. Certo allora si trovavano dei cristiani che avevano appoggi nella corte imperiale. Ignazio scrive: « Voglio essere macinato dai denti delle fiere per essere trovato vero frumento di Cristo »! Ed il prete Museo nell'inverno 250-251 così scriveva a Cipriano dal suo carcere in Roma: « Nessuno deve pensare che questo protrarci dell'esecuzione sia pietà. Questo rimandare ci causa solo del danno, ci fa attendere il cielo e ci impedisce di giungere a contemplare la visione di Dio »[54]. Anche Cipriano negli ultimi suoi tempi aveva un grande desiderio del martirio. Aveva ricevuto la notizia che a Roma il Papa Sisto era stato ucciso proprio nel cimitero mentre stava predicando ai cristiani riuniti. Questo fatto apparve al vescovo di Cartagine come l'ideale del martirio di un vescovo. Il diacono Ponzio ci racconta difatti che « nei suoi ultimi giorni aveva un sì grande desiderio di predicare sempre, nella speranza che la sua passione si sarebbe compiuta proprio mentre parlava di Dio durante una predica »[55]. Il suo desiderio non venne esaudito come aveva bramato, ma il suo martirio avvenuto il 14 settembre del 258 fu paragonabile ad un corteo trionfale.

La serenità poi e la fortezza con le quali i martiri andavano incontro alla loro fine ci è mostrata chiaramente dalle parole che chiudono le memorie di Perpetua: « Così è accaduto fino alla vigilia del nostro combattimento con le fiere. Lo svolgersi poi del combattimento lo racconterà un altro ». Come se,

---

[54] *Epist.* 31, 5, nella raccolta di Cipriano.
[55] PONTIUS, *Vita Cypr.*, c. 14; FRANCHI, *Note agiogr.* IV, p. 122.

mezzo scherzando, volesse dire, non potete esigere da me che vi descriva anche il mio martirio. Ma non vi si può trovare nè un vantato coraggio nè millanteria.

Durante la prigionia, i confessori erano condotti molto spesso davanti al giudice per essere interrogati. Cipriano per animarli scriveva ai cristiani di Roma: « Tante volte siete interrogati altrettante volte siete vincitori ».

Tali interrogatori non servivano per determinare un dato di fatto che fosse passibile di punizione. Che i prigionieri fossero cristiani era cosa che constava già chiaramente fin da principio. Scopo degli interrogatori era dunque quello di persuaderli a sacrificare, usando magari a tale fine anche dei tormenti.

Possediamo ancora alcuni di tali interrogatori, pervenuti a noi per mezzo di testimoni auricolari o per mezzo degli atti ufficiali dei processi. Le risposte di alcuni martiri sono magnifiche. Celebre quella di Policarpo, il vecchio vescovo di Smirne. Il proconsole gli disse: « Giura per gli dei ed io ti rimando libero. Maledici Cristo! » Policarpo risponde: « Da ottantasei anni io lo servo ed egli non mi ha mai fatto nulla di male. Come potrei io maledire il mio Re, che mi ha redento »?

Ai martiri di Scilli in Africa il proconsole Saturnino dopo aver inutilmente tentato di persuaderli, disse: « Vi dò tempo a riflettere ». Il capo del gruppo, Sperato gli rispose: « In una cosa così giusta come la nostra, non v'è proprio bisogno di rifletterci »!

Nella persecuzione di Valeriano si mirava specialmente al clero. Perciò il proconsole di Cartagine, Paterno, esigeva da Cipriano che gli comunicasse il luogo dove si trovavano gli altri vescovi e sacerdoti. Cipriano gli rispose: « Si troveranno nelle loro città ». Il giudice disse: « Proprio questo domando io ». e Cipriano risponde: « La nostra regola costante ci proibisce di presentarci spontaneamente al giudice, e questo dispiacerebbe anche a te. Perciò gli interessati non possono presentarsi da loro stessi. Ma se li cerchi, li troverai ». Paterno ribattè: « Io li saprò trovare! ».

Negli interrogatori i giudici non entrano in discussioni religiose e solo eccezionalmente ponevano domande circa le dottrine cristiane. Il Prefetto della città Giunio Rustico, filosofo e maestro di Marco Aurelio domandò a Giustino filosofo: « Tu immagini dunque che te ne andrai in cielo per ottenervi là una certa qual ricompensa? » gli rispose Giustino: « Non lo immagino, lo so ».

Così il giudice domandò al novantenne vescovo di Lione Potino. come si chiamava il dio dei cristiani, ed ebbe questa risposta: « Questo lo saprai quando ne sarai degno ».

Quando l'opera di persuasione non approdava a nulla, si passava all'uso dei tormenti. La giovane Blandina a Lione fu tormentata per un giorno intero ininterrottamente, ed in quel tempo essa ripeteva soltanto: « Io sono cristiana. Da noi non si commette alcun male ».

A Catania il dialogo tra il giudice ed il diacono

Euplio, continuò durante i tormenti e venne messo in iscritto dagli scrivani ufficiali, anche nelle più piccole particolarità. Euplio pregava: « Io ti ringrazio, Cristo. Difendimi. Io soffro per te! » il giudice: « Lascia questa pazzia, Euplio, adora gli dei e sei libero ». Euplio: « Io adoro Cristo, odio i demoni. Fa quello che vuoi. Io sono cristiano. Io ho desiderato tutto questo da lungo tempo. Fa quel che vuoi, anche di più! Io sono cristiano! ». Dopo una pausa il giudice fece ricominciare il tormento e disse: « Sacrifica se vuoi essere salvo ». Euplio disse: « Io sto per sacrificarmi a Cristo. Di più non posso fare. Ti adoperi indarno. Io sono cristiano ». Il giudice fece aumentare i tormenti. Euplio frattanto disse: « Cristo, io ti ringrazio. Cristo, aiutami. Io soffro per te ». ed il protocollo continua: « e diceva così frequentemente, e quando le forze lo abbandonarono, diceva a fior di labbra senza voce queste ed altre parole ».

Dopo la tortura i martiri erano riportati in prigione per esservi custoditi per ulteriori interrogatorii fino a che piacesse al giudice di passare alla sentenza.

La sentenza poi era resa con una certa formalità. Gli accusati erano portati un'ultima volta in tribunale ed interrogati se persistevano nel loro rifiuto. Persistendo, il giudice si ritirava coi suoi assessori dietro ad una tenda e vi dettava la sentenza che veniva scritta a grandi lettere da uno scrivano sopra una tavola. Dopo di ciò il giudice usciva fuori, si sedeva sullo scranno del giudizio e leggeva dalla tavola la sentenza. A volte faceva precedere qualche parola giustificativa, come avvenne nel giudizio di Cipriano. Allora il proconsole Galerio Massimo disse: « Tu hai vissuto a lungo in uno spirito contrario agli dei, hai raccolto attorno a te molti uomini di uguali sentimenti e ti sei presentato come nemico degli dei e delle sante cerimonie romane. I pii e santi Imperatori, gli augusti Valeriano e Galieno ed il nobile cesare Valeriano (il giovane) non hanno potuto ricondurti alla osservanza delle loro cerimonie. Tu sei stato trovato reo e introduttore del massimo delitto e devi quindi valere come terrificante testimonio per quelli che tu hai attirato al tuo delitto. Col tuo sangue pagherai la legge ».

La vera e propria sentenza, quella che veniva scritta era molto corta: « E' stato deciso di giustiziare Tascio Cipriano colla spada ». Oppure: « Sperato, Narzalo, Cittino, Donato, Vestia, Secunda e gli altri, che hanno testificato di vivere secondo il modo cristiano e rimangono saldi al loro punto di vista nonostante la possibilità offerta di ritornare ai costumi romani, vengano di conseguenza colpiti colla spada ». Oppure ancora: « Comando che il cristiano Euplio che disprezza gli ordini dell'Imperatore, bestemmia gli dei e non si vuol correggere sia colpito colla spada ».

Si pensa comunemente dai più che la maggior parte dei martiri abbiano incontrato la morte nei combattimenti colle fiere, e questo proviene dal fatto che alcuni dei più famosi racconti di martirio dei primi secoli, come gli atti dei martiri di Lione nel 177 e di Cartagine nel 202 descrivono appunto la morte dei cristiani nell'anfiteatro divorati dalle bestie feroci. Sembra infatti che questo caso non sia stato piuttosto raro. Ignazio di Antiochia sotto Traiano era stato condannato a comparire a Roma per lottare contro le belve, ed anche per il vescovo di Smirne Policarpo il popolo aveva prima richiesto a gran voce che fosse loro dato in pasto, e solo non terminò così la sua vita perchè poco prima avevano già avuto luogo i combattimenti. Tertulliano poi quando ci narra che il grido comune contro i cristiani suonava appunto: « I cristiani al leone »! ci mostra che era cosa comune nella mentalità pagana di quel tempo. Ma ciò non gli impediva una delle sue amare e scherzose osservazioni: « un leone però non sarebbe sufficiente per divorare tutti i cristiani! ». Al tempo della persecuzione di Diocleziano era ancora comune questo sistema, ed Eusebio ci racconta di aver assistito al martirio di un giovane non ancora ventenne divorato dalle fiere [56].

Per i martiri di Roma sappiamo solo di Ignazio di Antiochia che sia stato dato alle belve. L'invio poi di Ignazio da Antiochia a Roma avvenne del tutto secondo la legge. Esisteva infatti a quel tempo una disposizione che permetteva di dirigere a Roma tutti quei condannati che « essendo ancora sufficientemente forti e svegli potevano esser presentati convenientemente al popolo romano » [57]. Tuttavia è certo che dal

---

[56] Eus. *Hist. eccl.* VIII, 7.
[57] Cont. Ferrini, *Diritto penale romano*, Milano 1902, p. 149.

vecchio vescovo Ignazio non si poteva aspettare qualche singolare azione sportiva nell'arena.

Nell'antichità vi erano tre sorte di edifici per gli spettacoli: i teatri, i circhi per le corse e gli anfiteatri. I teatri, di cui a Roma possediamo ancora un magnifico esemplare nel teatro di Marcello, non servivano per i combattimenti con le belve. I Circhi invece vennero a volte usati a questo scopo. Difatti il Circo Massimo a Roma aveva l'Arena originariamente separata dalle gradinate degli spettatori mediante un fossato per impedire una evasione delle fiere. Più tardi questo fossato venne riempito e pare che le lotte di belve siano avvenute soltanto nell'anfiteatro che era stato costruito appositamente. A Roma, oltre il Colosseo, conosciamo ancora un altro edificio di questo genere: l'Anfiteatro castrense che poi Aureliano utilizzò in parte quando costruì le sue mura incorporandolo in esse, e di cui vediamo ancora oggi i resti vicino alla Chiesa di Santa Croce in Gerusalemme. Ma il Colosseo fu il luogo dove più comunemente avvenivano questi spettacoli.

Similmente sappiamo che a Cartagine, Perpetua ed i suoi compagni furono esposti alle fiere nell'Anfiteatro castrense di quella città.

Per Roma con molta probabilità i martiri venivano gettati alle fiere nel Colosseo. A dire il vero non abbiamo a sostegno di questa opinione argomenti decisivi. Nè atti autentici antichi, nè leggende di tempi posteriori ci parlano del Colosseo come del luogo ove avvenissero le esecuzioni dei martiri, e neppure il Medioevo ci ha tramandato a questo proposito una tradizione. Fu solo col secolo XVII che si incominciò a considerare l'arena del Colosseo bagnata dal sangue di tanti martiri romani.

Con tutto ciò possiamo stabilire che l'esposizione alle fiere non era il mezzo più comune per la morte dei martiri. Anzi la maggior parte dei martiri romani incontrarono la morte colla spada. Gli unici due casi di martiri romani di cui possediamo gli atti sinceri ed autentici ci narrano appunto l'esecuzione avvenuta mediante la spada del carnefice.

Negli atti di Giustino leggiamo che la esecuzione avvenne nel « solito luogo ». Sarebbe notizia preziosa per noi conoscere esattamente questo « solito luogo ». Nei tempi più antichi il luogo solito per le esecuzioni capitali era il campo Esquilino, davanti alla Porta Esquilina. Questa porta si trovava tra s. Maria Maggiore e l'odierna Piazza Vittorio Emanuele, dove oggi ancora si possono vedere resti delle mura serviane. Davanti alla porta si trovava un luogo malfamato. V'era un sepolcreto dei poveri ed in più parecchie fosse in cui si gettavano animali morti ed altre immondizie ed anche i cadaveri di schiavi e dei malfattori giustiziati. Quando si aprì l'odierna Via Napoleone III, vennero alla luce più di 70 di tali pozzi [58]. Tutti i dintorni erano appestati dalle esalazioni, ed il nome della Dea Mefi che veniva onorata in un boschetto vicino è giunto fino a noi proverbialmente.

---

[58] F. CLEMENTI, *Roma imperiale nelle XIV regioni augustee secondo gli scavi e le ultime scoperte*, Roma 1935, vol. I, p. 143.

In questo luogo destinato alle carogne avvenivano anticamente le esecuzioni. L'imperatore Augusto che fece tanto per il risanamento e l'abbellimento della città, per consiglio di Mecenate volle trasformare tutta questa parte. Fece accumulare della terra, in parte fino otto metri, e sul nuovo terreno guadagnato ai due lati della Via Prenestina, anch'essa ampliata, fece impiantare dei giardini. Orazio infatti ci racconta che in quel luogo dove poco prima era facile inciampare in qualche osso biancheggiante ora si poteva non solo comodamente passeggiare ma anche abitare in posizione salubre [59].

Tuttavia sembra che le esecuzioni continuarono ad essere compiute in questo stesso luogo poichè Svetonio ci racconta che sotto Claudio le comuni esecuzioni avvenivano ancora sempre nell'agro esquilino [60]. Dalla Prefettura della città la via non era molto lunga, ed è quindi possibile che qualche martire romano abbia compiuto la sua Via Crucis là dove oggi si trova Via Giovanni Lanza o più esattamente Via dei Selci.

Non sappiamo se la cosa sia sempre stata così. Generalmente tali luoghi non cambiano facilmente, ma per il tempo posteriore non abbiamo alcun punto fermo per sostenerlo, e dobbiamo ammettere che martiri vennero decapitati e sotterrati anche altrove, come ci mostra il caso di Pietro e Marcellino tramandatoci da Damaso.

Così dunque la maggior parte dei martirii non

---

[59] ORAZIO, *sat. I.* 8.
[60] SVETONIO, *Vita Claudii*, c. 25.

era un corteo trionfale, anzi non si distingueva esternamente in nessun modo dalla esecuzione di un qualunque malfattore. Ma la grandiosità morale del martirio non muta per nulla se il martire dava la sua vita in una Arena davanti a migliaia di uomini esaltati oppure su una via solitaria in un luogo malfamato nel completo abbandono.

VIII

L'EUCARESTIA

Al tempo dei martiri, come oggi, l'Eucarestia è stata il centro della liturgia e della pietà personale. Lo conosciamo da molti documenti dei primi tempi del cristianesimo e non poche sono le tracce che possiamo trovare nelle catacombe.

Già la prima comunità cristiana di Gerusalemme si riuniva nelle case e « spezzava il pane », a ricordo del mandato del Signore: « Fate questo in memoria di me ». S. Paolo di buon'ora « spezzava » il pane in presenza dei suoi discepoli [61] e nello stesso senso scrive ai fedeli di Corinto: « Il calice di benedizione che noi benediciamo, non è forse la comunione del sangue di Cristo? Ugualmente il pane che spezziamo non è forse la comunione del corpo di Cristo? » [62] Ed Ignazio d'Antiochia, discepolo degli apostoli e martire, considera l'Eucarestia in modo speciale come il simbolo dell'unità ecclesiastica [63].

Nelle opere del filosofo e martire Giustino [64]

---

[61] *Atti degli Apost.* 20, 11.
[62] I *Cor.* 10, 16.
[63] *Ignatius ad Roman.* 4.
[64] *Justinus*, I Apol. 66 e 67.

scritte verso la metà del secolo secondo, ci è tramandata la descrizione più antica del rito della santa messa. Il sacrificio — così scrive — s'inizia con la lettura di brani dell'Antico e del Nuovo Testamento, a cui segue l'omelia del vescovo (antistite). Finita la omelia, tutti si alzano e recitano preghiere che si concludono col bacio della pace. Si portano all'altare, in processione solenne, il pane e il calice con acqua e vino. Il rito continua poi con un lungo ringraziamento (« eucarestia ») che finisce con l'*Amen* del popolo. Adesso è venuto il momento solenne. I diaconi si accingono a distribuire del pane e del vino, sopra i quali l'antistite ha detto le parole del « ringraziamento ». « Questo cibo da noi vien chiamato Eucarestia e nessuno lo deve consumare senza credere alla nostra dottrina e senza vivere come Cristo Gesù ci ha ordinato. Non ci cibiamo di questo, come fosse del pane e vino comune, ma c'è stato insegnato, che essi sono la Carne e il Sangue di Gesù fattosi uomo ». Alla fine si faceva una colletta per i poveri.

Giustino avendo scritto per i pagani, si contentò di una descrizione piuttosto esterna, ma cinquanta anni dopo le cosidette « constitutiones ecclesiae aegyptiacae » — oggi comunemente attribuite al martire romano Ippolito — ci riferiscono anche le orazioni che si dicevano in tale occasione. Dopo l'offertorio comincia un dialogo col popolo, che ancora adesso forma l'introduzione al canone: « Dominus vobiscum — et cum Spiritu tuo — sursum corda vestra — habemus ad Dominum — gratias agamus Deo — dignum et iustum est ». Segue poi la vera e propria preghiera eucaristica, il nostro canone, in cui sono incluse anche le parole della consacrazione. Dopo il « fate questo in memoria di me » il vescovo continua con le parole: « recordantes igitur... » (oggi: « unde et memores »). Allora non si possedeva un testo fisso a cui tutti dovevano attenersi, ma su uno schema fondamentale il celebrante poteva arricchire od abbreviare la preghiera secondo la propria devozione. Rimasero generalmente fissi ed invariati il principio con il suo « sursum corda » e la fine con l'« abite in pace » (più tardi: « ite missa est ») insieme alle parole che precedono immediatamente la consacrazione.

La Didascalia, composta probabilmente in Siria all'inizio del terzo secolo, con le sue determinazioni pratiche per l'ordine durante le sacre funzioni, ci porge utili notizie per completare le nostre conoscenze. Secondo questo scritto, la parte della chiesa verso est è riservata ai « presbiteri » che siedono ai due lati del trono vescovile. Il popolo è separato e diviso in uomini e donne; e così pure i bambini, se non stanno con i genitori. Uno dei diaconi si deve mettere vicino alla porta e quindi vigilare, quando tutti saranno presenti, che nessuno scambi il posto e « non bisbigli o dorma, rida o faccia segni ».

Queste funzioni liturgiche dei primi secoli erano molto modeste. La liturgia aveva luogo nelle case private o in piccole chiese (basiliche), là dove già erano state costruite. Alcuni anni fa, negli scavi di Dura-Europos, in Mesopotamia, si è rinvenuta una chiesa cristiana appartenente ad un periodo non posteriore alla prima metà del terzo secolo, la più antica quindi da noi conosciuta finora. Questa basilica completa nei suoi locali necessari al culto liturgico col suo battistero, fu ricavata da una casa privata e l'ambiente maggiore, la chiesa stessa, ha una larghezza di appena cinque metri e una lunghezza di dodici metri. E se vogliamo conoscere quanti cristiani potevano prender parte alle funzioni, lo possiamo conoscere portandoci in una cittadina presso Cartagine ove nell'anno 303 l'intera comunità dei cristiani durante le funzioni domenicali venne sorpresa e incarcerata. Erano presenti: il prete Saturnino, tre lettori, ventitre uomini e quindici donne; mancava solamente il vescovo allora assente. A Roma naturalmente le cose cambiavano aspetto. Il Papa Cornelio scriveva in una delle sue lettere, che vi erano, oltre il vescovo, 46 presbiteri, 7 diaconi, 7 suddiaconi e 94 del clero minore, più che sufficienti per una funzione liturgica quanto mai solenne anche nei tempi nostri. Purtroppo non sappiamo se tutti quanti i chierici prestavano servizio in ogni funzione, perchè a Roma, essendosi conservato ancora l'uso delle « chiese private » stabilito fin dai tempi apostolici, chierici e fedeli erano divisi in gruppi liturgici facenti capo alle cosidette « chiese titolari ».

In ogni caso tutto era molto più semplice che nei tempi successivi. Prima di tutto mancavano completamente i paramenti liturgici. Vescovi e chierici portavano durante la liturgia le loro vesti civili; non esistevano ancora candele, incenso e musica. La sola cosa a cui si pose una cura particolare fin da principio fu l'abbellimento del luogo sacro. Gli Atti degli Apostoli, ricordano le molte lampade nel luogo dove San Paolo celebrava la « fractio panis » (« lo spezzare del pane »); e negli atti della persecuzione di Diocleziano si parla spesso di vasi preziosi e altri oggetti di gran pregio.

Non esisteva una legge speciale di assistere la domenica alla santa messa; era, per i cristiani dei primi secoli, cosa evidente e naturale. Quando Saturnino e il suo piccolo gregge furono arrestati, gli atti ci riferiscono il dialogo tra il proconsole di Cartagine e il lettore Emerito, nella cui casa fu celebrata la santa liturgia.

« E' vero che nella tua casa aveva luogo la riunione contro l'ordine imperiale? » — « Sì, abbiamo celebrato la liturgia del Signore ». — « E perchè hai fatto entrare la gente? » — « Perchè essi erano miei fratelli e io non potevo escluderli ». — « Dovevi escluderli ». — « Non lo potevo, perchè non possiamo fare a meno della liturgia del Signore ».

Coloro che assistevano alla liturgia si comunicavano tutti ad eccezione dei penitenti, mentre agli assenti — come già nota Giustino — i diaconi portavano la santa comunione a casa. I fedeli avevano anche la facoltà di portare seco il pane consacrato, di conservarselo e di comunicarsi da loro stessi, quando non aveva luogo la liturgia e quando essi non potevano andare in chiesa. Chi invece aveva peccato gravemente veniva scomunicato, anche per anni, se era necessario. Durante questo tempo egli doveva far penitenza e nella chiesa gli era assegnato un posto particolare perchè non poteva unirsi agli altri fedeli. Quando si accostava di nuovo alla santa Eucarestia, allora tutti venivano a sapere che era stato assolto. Se un penitente si trovava in punto di morte, gli si dava il santo viatico ed egli rimaneva assolto anche se in seguito guariva.

Nel secolo terzo alcuni vescovi però costringevano i guariti a fare egualmente la penitenza, come se non fossero stati assolti; ma contro questa pratica San Cipriano scrisse laconicamente: « Non possiamo strangolarli », cioè obbligarli a morire. « Una volta assolti restano assolti! » [65].

Un fatto che accadde ad Alessandria ai tempi del vescovo Dionigi, ci mostra la diffusione e la pratica generale di questo uso, difeso con tanto zelo da grandi anime apostoliche come San Cornelio Papa e Dionigi di Alessandria. Un vecchietto fino allora sempre fedele al nome di Cristo, lo aveva rinnegato davanti al giudice nella persecuzione di Decio e di conseguenza era stato escluso dai sacramenti. Si ammalò e stette per diversi giorni senza conoscenza. Quando finalmente si riebbe, mandò subito il suo nipotino in cerca del prete. Ma anche questi stava male, però, dietro il preciso ordine del vescovo di non far morire nessuno senza il santo viatico, diede al ragazzo « un poco dell'Eucarestia », perchè la potesse portare al nonno. Quanta fu la gioia del povero vecchio, vedendo il suo piccolo portargli e porgergli la santa comunione! Pochi istanti dopo spirò » [66].

---

[65] CYPR. *Epist.* 55, 13, p. 632.
[66] DION. D'ALESS. *in* Eus. *Hist. eccl.* VI, 44.

Il Vescovo di Alessandria trova che Dio conservando a quest'uomo la vita, finchè non potè ricevere il viatico, dette così un'approvazione per la prassi meno rigida; per noi questo episodio è un testimonio quanto mai evidente della vita eucaristica dei cristiani nei tempi dei martiri. Tuttavia la lunga durata della penitenza imposta anche dai vescovi più benigni presentava l'inconveniente che parecchi cristiani dovevano restare privi del Pane dei forti forse nel momento in cui ne avevano più urgente bisogno. La cosa non sfuggì all'occhio penetrante dello zelo pastorale di Cipriano. Dopo la persecuzione di Decio che gli aveva portato tra i suoi fedeli qualche migliaio di persone che avevano sacrificato, li aveva esclusi dai Sacramenti ed in nessun modo si era lasciato rimuovere dall'esigere una penitenza piuttosto lunga. L'unica eccezione ammessa valeva per quelli che si trovavano in punto di morte. Ma quando, passato appena un anno dalla persecuzione di Decio, nell'inverno del 252-3 da nuovi indizi si cominciò a temere una nuova persecuzione da parte dell'imperatore Gallo, Cipriano scrisse al Papa Cornelio che gli sembrava oramai opportuno di « raccogliere di nuovo fra le file del Signore tutti i soldati di Cristo, che desideravano portare le armi e volevano andare alla battaglia ». Si era quindi deciso di ammettere ai sacramenti tutti coloro che avessero fatto penitenza sul serio, per questo motivo: « Perchè la santa Eucarestia serve precisamente a difendere coloro che la ricevono. Il fervore ed il coraggio vengono meno se non vi è l'Eucarestia che sorregge ed entusiasma » [67].

Se dunque tanta è l'importanza dell'Eucarestia nella vita dei primi cristani, non ne dovranno mancare larghe tracce nelle catacombe, anche se non eccessivamente numerose dato il loro carattere di cimitero. Ed infatti non mancano.

E consideriamo per primo il famoso martire dell'Eucarestia: Tarsicio. La sua tomba c'è segnalata dal culto prestatogli nel mausoleo di Papa Zeffirino. La sua realtà storica, cioè le notizie più determinate del suo martirio, possiamo conoscerle attraverso l'epigramma scritto da Papa Damaso. Il quale narra che Tarsicio portava « i Sacramenti di Cristo ». La plebaia irosa gli si accalcò intorno esigendo che li mostrasse ai pagani. « Ma egli preferì perdere la vita sotto i colpi piuttosto che esporre le membra celesti ai cani rabbiosi! »

Lo vorremmo conoscere volentieri questo Tarsicio!

Damaso lo paragona a Stefano protomartire ucciso anche lui dalla plebe tumultuante e pur confermando loro un ugual merito, fa notare la diversità delle circostanze.

Si potrebbe quindi concludere che Tarsicio non sia stato levita, ma laico. A questi di regola non si affidavano le sacre specie, se non in casi eccezionali come in quello del ragazzino ricordato da Dionigi di Alessandria. Di solito erano i diaconi che portavano

---

[67] CYPR. *epist.* 57, 2, p. 652.

la santa Eucarestia agli ammalati. Il « fermentum », le particole consacrate, da usarsi durante la liturgia nelle chiese titolari, ai tempi del papa Innocenzo I (410-417), era portato dagli acoliti. Acoliti e diaconi erano però uomini adulti e non sappiamo che i santi misteri venissero affidati ai lettori, tra le cui file si ammettevano anche ragazzi.

La leggenda posteriore invece, che non pare altro che un'amplificazione dell'epitafio di San Damaso, trasformò la figura di Tarsicio in un ragazzo. Come tale il nostro martire diventò celebre per merito del romanzo di Wiseman « Fabiola », dove è presentato come il santo chierichetto martire, cosa che può essere anche corrispondente a verità. Certo non si può dubitare del martirio straordinario di questo santo.

L'iscrizione di San Damaso ci mostra poi chiaramente che i cristiani dei primi tempi, credevano alla presenza reale di Cristo nell'Eucarestia non solo nel momento del sacrificio, ma erano persuasi che le Membra celesti, per usare l'espressione del Papa, erano sempre presenti nelle specie consacrate.

A noi, che siamo quanto mai lontani dai tempi della Chiesa primitiva, visitando le catacombe nasce spontanea la domanda, se e quando vi si celebrasse la santa messa. Per chi conosce l'antichità cristiana, questo fatto è di secondaria importanza, giacchè si sa che la funzione liturgica nei primi secoli aveva luogo nella Città stessa, celebrandosi in quelle che più tardi furon chiamate chiese titolari. Riguardo alle catacombe non si tratta quindi tanto della liturgia domenicale della comunità cristiana, quanto piuttosto di una funzione in memoria dei defunti, e dal terzo secolo in poi, delle commemorazioni dei martiri e magari di un segreto sacrificio eucaristico durante le persecuzioni.

Nel secolo quarto sorsero poi le grandi basiliche cimiteriali, nelle quali sacerdoti espressamente destinati alle funzioni liturgiche celebravano regolarmente la santa messa [68], pur restando nei cimiteri dei locali detti facilmente « basiliche sotterranee ». Una tale basilica possiamo trovarla ancora oggi nel « coemeterium maius » della Via Nomentana. Vicino alla scala d'accesso sia a destra che a sinistra del corridoio si trovano due camere congiunte tra di loro, nelle cui pareti vi sono delle tombe. All'asse longitudinale di questo spazio quadricubilare si è aggiunto un quinto cubicolo, senza tombe. In esso sorge una cattedra e lungo le pareti corre una serie di banchi scavati nel tufo. E' molto probabile che qui si celebrasse il sacrificio eucaristico, ma la costruzione non risale che al quarto secolo [69]. Similmente l'altare della cripta di San Panfilo nella Via Salaria vecchia, risale soltanto al quinto o sesto secolo [70].

Ora, la mancanza di altari nelle cripte, non prova ancora che non vi sia stata celebrata la santa messa. Per molto tempo si è voluto vedere nei così detti sepolcri a mensa gli altari ricercati e si è immaginato che il coperchio dell'arcosolio servisse

---

[68] Innoc. *I, ad Decentium*, c. 5.
[69] G. P. Kirsch, *Le catacombe romane* (1933), p. 111.
[70] Kirsch, *ibid.* p. 66.

come mensa per la celebrazione della santa messa. Tali sepolcri però pare che siano poco pratici, essendo essi o troppo alti o troppo bassi e situati talvolta in corridoi strettissimi. Del resto non è necessario cercare degli altari, dato che nei primi tempi l'altare fisso non era affatto richiesto per l'oblazione della santa Eucarestia.

Infatti se San Paolo parla della « mensa del Signore »[71], opponendo ad essa « la mensa del diavolo », e San Cipriano scrive che l'eretico costruisce un « altro altare », mentre Sant'Ignazio di Antiochia usa nei suoi scritti la parola « altare di sacrificio » (thysiasterion), ciascuna di queste espressioni intende significare principalmente il rito dell'Eucarestia in quanto è sacrificio e cibo, piuttosto che un determinato strumento liturgico. Questa appunto fu una delle ragioni per cui i cristiani vennero creduti « atei », professando essi una religione senza templi e senza altari [72]. Certo si servivano di qualche sostegno per potervi stendere sopra un panno e posare il calice. Ciò bastava. Mancava ancora il messale da portarsi da una parte all'altra dell'altare, nè si conoscevano le candele. Quindi era sufficiente un'area relativamente piccola: un tavolino, un pilastro, uno zoccolo di pietra. Nell'affresco delle « cappelle dei sacramenti » nelle catacombe di San Callisto l'« Ichthys » — simbolo della santa Eucarestia — si vede

---

[71] I *Cor*, 10, 21.
[72] ARNOBIO *Advers. Nationes*, VI, 1 CSEL IV, p. 214: Crimen nobis maximum impietatis infligitis quod neque aedes sacras.... non altaria fabricamus, non aras.

posato su un tavolino rotondo a tre piedi: una forma di tavolo che si incontra assai spesso tra gli utensili domestici degli antichi romani [73].

Talvolta anzi ci si contentava anche di meno, come raccontano gli Atti gnostici di Tommaso, nei quali si narra che per l'eucarestia bastò un semplice banco che si trovava in casa [74], ed in caso di necessità si fece anche a meno di qualunque sostegno. Così il vescovo Teodoreto di Ciro († 458), per es., riferisce d'aver celebrato la santa messa una volta nella cella di un eremita, nella quale mancando ogni mobile, un diacono sostenne colle sue mani i sacri vasi [75]; e quando il prete Luciano giaceva a terra, incatenato nel carcere di Antiochia, e celebrò la santa Eucarestia, posò i vasi sacri sul proprio petto [76].

Si può quindi pensare che si è celebrata la santa Eucarestia anche nelle catacombe senza che si debbano trovare tracce di altari fissi in pietra.

Naturalmente la sola possibilità non è ancora un argomento per provare un fatto. Difatti, prima della costruzione delle basiliche cimiteriali, ci mancano prove positive per la celebrazione del sacrificio eucaristico nelle catacombe. Ciò che possiamo prendere in considerazione è la liturgia dei defunti, svoltasi senza dubbio in vicinanza della tomba del defunto. Però, sappiamo ben poco della liturgia dei defunti nei primi tre secoli. Negli atti apocrifi di San

---

[73] Jos. BRAUN, *Der christl.* Altar, I, (1924), p. 54.
[74] BRAUN, *ibid*, p. 48.
[75] *Hist. rel.* c. 20, MG. 82, 1439; BRAUN, p. 51.
[76] *Philostorgius II*, 13, MG, 65, 476.

Giovanni che rimontano forse al secondo secolo, si racconta che l'apostolo venne « il terzo giorno » dopo la morte di Drusianna alla di lei tomba « per frangervi il pane ». Tertulliano nel suo trattato *De oratione* [77] ricorda uno strano scrupolo di alcuni fedeli: che non si dovrebbe assistere al santo sacrificio nei giorni di digiuno, perchè, comunicandosi, si sarebbe rotto il digiuno. Ora, siccome nei giorni di digiuno non si celebrava la messa per il popolo, è chiaro che deve trattarsi di messe per defunti. Ma non sappiamo se queste messe si dicevano nel cimitero stesso o perfino sotto terra.

Sappiamo infine che il regime dell'Impero Romano, cominciando dalla metà del secolo terzo, ebbe in sospetto i cimiteri. Il culto dei martiri, cominciato verso quel tempo, venne considerato come una dimostrazione contro le leggi di persecuzione. Questa opinione potè sorgere molto facilmente, se sulle tombe dei martiri venivan compiute vere funzioni liturgiche unite probabilmente alla celebrazione della santa Eucarestia. Questo ci porta ad ammettere che nelle catacombe si ebbero veramente delle funzioni eucaristiche per i defunti e più tardi anche in onore dei martiri. Pur ammettendo ciò, l'idea fino a poco tempo assai comune che durante le persecuzioni sia stata celebrata la liturgia regolare per le comunità cristiane è del tutto abbandonata. Nei cimiteri non vi erano locali tanto vasti da offrire spazio sufficiente per una folla numerosa, nè per evitare disturbi della

---

[77] TERT., *De oratione*, c. 19, ML, I, 1181.

plebe e della polizia, presentavano sicurezza maggiore delle chiese di città. La polizia infatti conosceva meglio questi luoghi, che non le chiese sparse in città, che si trovavano per lo più in case private senza alcun segno all'esterno. Nei cimiteri si poteva nascondere bene un uomo solo, mai un gran numero di fedeli, che avrebbero dovuto andare e ritornare per le grandi porte della città su strade in aperta campagna. In una casa privata invece si attuava facilmente una riunione secreta e nel caso che venisse scoperta, si poteva trasferire altrove la funzione liturgica.

Per provare che si celebrava anche nei cimiteri, si potrebbe addurre la narrazione del martirio del Papa San Sisto. Il Papa fu arrestato mentre predicava, e siccome il vescovo predicava generalmente durante una funzione eucaristica, doveva allora offrire il sacrificio nella Catacomba. Ma le circostanze ci sono rimaste ignote: perciò anche se lo si ammettesse, rimarrebbe sempre un caso eccezionale.

Il periodo dunque per così dire eucaristico delle Catacombe, cioè il tempo in cui furono santificate per la frequente celebrazione della santa Messa, non comincia se non dopo la costruzione delle basiliche cimiteriali nel quarto secolo. Ma i simboli eucaristici nelle pitture e iscrizioni risalgono ad un tempo ben anteriore.

IX

IL BATTESIMO

Non si può ragionevolmente affermare che oggi il battesimo sia ritenuto di minore importanza che ai tempi dell'antichità cristiana. Il valore teologico come sacramento della rinascita e dell'incorporazione alla Chiesa è ugualmente vivo ai nostri giorni come al tempo di Tertulliano e Cipriano; mentre con intima gioia e solennità ogni famiglia festeggia il battesimo di uno dei propri figli e la schietta sensibilità cristiana stima vero ateismo trascurare questo dovere a riguardo della prole.

Esiste però una differenza specifica nel fatto che nei primi secoli il battesimo degli adulti era assai più frequente che non ai nostri giorni. Sarebbe tuttavia erroneo immaginare le comunità cristiane di allora costituite da soli convertiti. Dappertutto vi furono molti cristiani battezzati fin dalla nascita, perchè nati in famiglie cristiane. Se San Policarpo confessa davanti al giudice d'aver già servito per 86 anni il Signore, ciò significa che egli aveva già ricevuto nella prima gioventù il santo battesimo. Dai documenti più antichi della liturgia domenicale (come per es. la « Didascalia » dell'inizio del terzo secolo) risulta che i fanciulli avevano i loro propri posti nella chiesa e sono presenti durante tutta la funzione eucaristica, cosa concessa ai soli battezzati. Essi ricevevano anche la santa comunione immediatamente dopo il battesimo. San Cipriano [78] parla di una « puella parvula », che « non ancora arrivata all'uso della ragione » si era già comunicata. E in un altro luogo [79] egli si oppone decisamente all'opinione strana di alcuni, di battezzare solo l'ottavo giorno dopo la nascita, come solevano fare gli ebrei per la circoncisione. E siccome per lui questa ragione non ha importanza « si può quindi battezzare già al secondo o al terzo giorno ».

Dato quest'uso ci si potrebbe meravigliare come mai il battesimo sia ricordato tante volte sulle iscrizioni delle catacombe. Dobbiamo però riflettere che molte di queste sono del quarto secolo quando anche nelle famiglie cristiane, si cominciò a differire sempre di più il battesimo. Conosciamo così non solo l'epigrafe del piccolo Aristo che nel 389 morì neofito in un'età di otto mesi [80], ma anche quelle dei bambini già cresciuti come quel Romano novenne che decedette neofito nel 371 [81].

La parola « baptismus » o « baptisma » non si trova quasi mai. Di solito si usa l'espressione « fidem accepit », « accepta gratia Dei », brevemente anche « accepit », « consecutus est ». Più spesso « neophy-

---

[78] CYPR. *de Lapsis*, c. 25.
[79] CYPR. *epist.*, 64, 2.
[80] SILVAGNI, *Insc. crist.* 2771; ora nel Seminario di Fossombrone.
[81] DE ROSSI, *Inscr. Christ.* I, 226, Mus Vatic.

tus », letteralmente il « neo-piantato », o « neophotistos » il « neo-illuminato ».

I fedeli dopo il discorso di San Pietro nel giorno della Pentecoste furono battezzati immediatamente, come sappiamo dagli Atti degli Apostoli. Però pare che già San Paolo abbia determinato un periodo di attesa per coloro che desideravano il battesimo [82]. Giustino nel secondo secolo ricorda una preparazione più lunga al battesimo [83] e negli scritti di Tertulliano appare per la prima volta l'espressione « catechumeni » [84]. Lo stesso scrittore parla anche delle due date per il battesimo solenne, « Pascha et Pentecostes »; aggiunge però che si può ricevere « la grazia » ogni giorno e ogni ora [85].

Nel secolo quarto la preparazione solenne per il battesimo ha raggiunto il suo punto culminante. Già si fa distinzione tra i semplici catecumeni e i « competentes » o « photizomenoi », presentatisi per esser battezzati a Pasqua. La preparazione cominciava all'inizio della quaresima. Compilato l'elenco dei « competentes », cominciavano gli scrutini in presenza del vescovo. Di essi parla già Ippolito nel secolo terzo. Ognuno veniva sottoposto ad un esame molto severo per vedere se era disposto o meno. Si esaminava anche riguardo alla sua professione, escludendolo quando si constatava che era mago, servo nel tempio od aveva qualche rapporto con il culto

---

[82] 1 *Cor.* 1, 14.
[83] JUSTINUS, *I Apol.* 61.
[84] TERT., *de praescr.* c. 41.
[85] TERT., *de Baptism.* 19.

pagano. La stessa sorte toccava ai partecipanti attivi agli spettacoli pubblici, ossia agli attori, gladiatori e sportivi di professione. Questa norma quanto mai severa già si mitigò nel secolo quarto. Per quelli poi che erano già sposati il matrimonio naturalmente doveva essere regolato cristianamente.

Dopo questo esame cominciava l'insegnamento. Bisognava che tutti si presentassero ogni giorno alle catechesi del Vescovo, imparassero con cura il Simbolo e sapessero rispondere se erano interrogati. I già battezzati potevano ascoltare le istruzioni e per esempio a Gerusalemme vi andavano con grande fervore come racconta la pellegrina Eteria. Durante questo periodo istruttivo avevan luogo ripetute benedizioni, esorcismi ed altre cerimonie liturgiche per gli aspiranti.

Nella notte del Sabato Santo il Vescovo impartiva il sacramento del battesimo e la domenica di Pasqua i neofiti ricevevano per la prima volta la santa comunione. Per tutta l'ottava di Pasqua i neobattezzati, vestiti di bianco, ascoltavano le ultime catechesi, in cui il vescovo li istruiva nei misteri propri della religione, specie nella dottrina dell'Eucarestia, della quale fino ad allora erano stati fatti solamente degli accenni.

Questo insegnamento solenne suppone naturalmente degli adulti. Ed infatti la cessazione delle persecuzioni cruente portava con sè un accrescere immenso di nuovi fedeli. Nello stesso tempo però si notò nelle famiglie cristiane la cattiva usanza di differire sempre più a lungo il battesimo dei bambini, un fatto che si può spiegare con la pratica severa della penitenza. Essendo il sacramento della penitenza circondato di riti solenni simili a quelli del battesimo, venne concepito come unica conclusione della penitenza di tutta la vita. Si formò così l'idea che solo una volta durante la vita si potesse ricevere l'assoluzione, almeno in forma solenne, e questa evidentemente si desiderava al momento della morte. Tutto ciò nel tempo di Cipriano era ancora sconosciuto. I molti « caduti » della persecuzione deciana ricevettero senza grandi difficoltà l'assoluzione, anche se già prima avevano fatto una pubblica penitenza. Ora però, quando si restrinse l'esercizio del sacramento, nacque il desiderio di rimandare il battesimo fino alla età matura per sfuggire così alla necessità di assumersi una penitenza per l'assoluzione dei peccati di gioventù. Questo pessimo uso creò dei catecumeni perpetui che da una parte si consideravano come cristiani, dall'altra parte però di anno in anno esitavano a chiedere il battesimo. Ed è strano come anche fervorose famiglie cristiane abbiano reso omaggio a questa cattiva usanza. Sant'Agostino ci racconta come, essendosi gravemente ammalato da bambino, desiderò subito il battesimo. Sua madre però, santa Monica, trovò più conveniente aspettare fino all'ultimo. Forse egli si sarebbe risparmiato tutte le aberrazioni della sua vita, se fosse stato battezzato allora. Anche altri santi di questo periodo, come San Basilio e San Giovanni Crisostomo che tutti e due ebbero delle madri sante, furono battezzati solo già adulti e Sant'Ambrogio ricevette il battesimo solo dopo la sua elezione a vescovo.

Purtroppo non sono questi i soli esempi. Molti ragguardevoli personaggi differirono il loro battesimo fino alla età matura. All'imperatore Costantino si dette il sacramento solo pochi giorni prima che spirasse; lo stesso accadde a suo figlio Costanzo. Una epigrafe sul sarcofago di Giunio Basso nelle grotte vaticane attesta che questo prefetto di Roma morì neofito a 42 anni nel 359. Succedeva naturalmente che la morte raggiungeva qualcuno di questi « catecumeni perpetui » prima che potessero riconciliarsi con Dio; e molte iscrizioni nelle catacombe ne offrono una prova quanto mai impressionante; così ad esempio, un Bonifazio morì catecumeno ancora a 50 anni [86], un greco, Andragathoes, catecumeno di 35 anni [87], una tale Sozomena venne sorpresa dalla morte essendo ancora « audiens », cioè non ancora ammessa alla preparazione prossima [88].

Questo abuso fu senza dubbio grave e ci potremmo meravigliare che neanche pastori zelanti e prudenti vi si siano opposti energicamente. Non si può tuttavia negare che questo differire portò anche frutti salutari. Mai si preparò e battezzò così seriamente e con tanta insistenza come nel secolo quarto. Alcuni scritti dei Padri della Chiesa — le catechesi di S. Cirillo Gerosolimitano, di S. Ambrogio, di S. Gre-

---

[86] DE ROSSI, I, 446.
[87] SILVAGNI, 1856.
[88] SILVAGNI, 2759.

gorio di Nissa — non si sarebbero avuti mai, se la maggior parte dei cristiani fossero stati battezzati nella loro infanzia. Senza volere si pensa in questa occasione ad una cosa simile che succedeva nel secolo scorso, il differimento cioè della prima comunione che portò seco una preparazione quanto mai seria e profonda.

Lasciamoci ora raccontare dall'« ordo romanus VII » e dal « Sacramentarium Gelasianum » la cerimonia battesimale a Roma nella « grande notte » alla chiesa del Laterano. Veramente si è già nel secolo quinto o sesto, nel periodo del massimo sviluppo della liturgia romana e quindi per il nostro secolo terzo e quarto bisogna immaginare tutto in una atmosfera più semplice e modesta.

Il battesimo pasquale attirava tutta Roma cristiana verso la veneranda chiesa del Laterano, dove il Papa celebrava la « statio » della notte di Pasqua. In nessun altro giorno o notte si vedeva tanta gente nell'ampia basilica. La vigilia si amministrava il sacramento della rinascita spirituale e si celebrava la santa messa. Il poeta cristiano Prudenzio, visitando Roma all'inizio del secolo quinto, dipinge un vivo quadro delle « lunghe file dei fedeli che pellegrinavano, passando davanti ai templi degli antichi dei, verso gli edifici lateranensi per ricevere il santo segno del crisma regale ». Così veniamo anche a sapere che i neofiti ricevevano la cresima immediatamente dopo il battesimo. La sera del Sabato Santo il Papa, tutto il clero e i battezzandi con i loro padrini, facevano il loro ingresso nella basilica. (A

Costantinopoli si battezzarono nell'anno 404 quasi tremila catecumeni [89], un numero che può valere approssimativamente anche per Roma). Dopo l'ingresso un diacono saliva sul pulpito, ed iniziava il « preconium paschale », l'odierno « Exsultet ». Il « lumen Christi » ebbe il suo simbolo nel cero pasquale sin dall'inizio del secolo sesto. Si accendevano allora tutte le luci nella chiesa gremita di gente, in uno spettacolo quasi drammatico simboleggiante Cristo, luce del mondo. Uno spettacolo tanto più impressionante nella splendida basilica, quanto più il soffitto dorato, le pareti rivestite di grandi lastre lucenti di giallo di Numidia, le ricche colonne di pari marmo, ed i preziosi vasi sacri riflettevano lampade e fiaccole in un alone luminoso dal grande altare e dai sette laterali a tutto l'ambiente sacro. Nel battesimo il cero pasquale acceso durante la benedizione dell'acqua vi veniva immerso per esprimere simbolicamente come in ogni neofito si doveva accendere la luce della grazia divina per non spengersi più fino alla morte. L'insieme delle cerimonie univa così nelle singole azioni la celebrazione di Cristo risorto e del sacramento della rinascita.

Ascoltate lunghe lezioni e brani del vecchio Testamento, i battezzandi uscivano in processione dalla basilica (probabilmente per una porta nel fondo dell'abside) insieme col Papa ed il clero per recarsi al vicino battistero. Quivi aveva luogo la benedizione dell'acqua e si iniziava il rito battesimale.

---

[89] PALLADIUS, *Dialog. de vita s. Joh. Chrys.* MG, 47, 32.

L'arcidiacono li conduceva uno dopo l'altro dinnanzi al Papa, a cui ciascuno professava ancora una volta la sua fede, rispondendo brevemente alla domanda del supremo pastore. Scesi quindi nell'acqua stessa che copriva loro i soli piedi si pronunciava la formula del battesimo versando tre volte l'acqua sopra di loro. I padrini li aiutavano a salire e li coprivano con la veste bianca che essi portavano fino alla « domenica in Albis ». Fu alla metà del secolo quinto che si fece seguire subito la cresima nell'oratorio della Santa Croce, contiguo al battistero. Intanto albeggiava e si ritornava in basilica, dove veniva celebrato il santo sacrificio, nel quale i neofiti per la prima volta ricevevano la santa comunione. Così finiva la cerimonia che corrisponde perfettamente alla nostra liturgia del Sabato Santo. La messa di Pasqua veniva celebrata poi a Santa Maria Maggiore [90].

Il battistero lateranense si è conservato in sostanza fino ad oggi, come fu costruito da papa Sisto III, negli otto anni dal 432-440. Mentre la parte superiore e la cupola sono stati rinnovati dai papi del rinascimento, le otto colonne di porfido sopra il fonte battesimale invece si conservano ancora nella loro forma antica. L'ottagono di Sisto III posa su mura maestre più antiche, su quelle cioè costantiniane: un fabbricato rotondo con lo stesso diametro dell'ottagono posteriore. Giovanni B. Giovenale recentemente ha compiuto degli scavi, durante i quali egli cre-

---

[90] secondo GRISAR Roma alla fine del mondo antico II, (1930), p. 404 ss.

dette di constatare che nemmeno il battistero del periodo di Costantino fu quello primitivo, giacchè disotto si è scoperta un'altra costruzione rotonda più antica di diametro minore. Questo battistero precostantiniano era collocato in mezzo alle terme del palazzo lateranense [91]. Quando fu costruito?

Sappiamo che il Papa Melchiade tenne un concilio al Laterano nell'anno 313. Si può supporre che già allora l'imperatore abbia donato il palazzo al Papa. La moglie di Costantino, Fausta, l'aveva ereditato da suo padre, l'imperatore Massimiano Ercole, e può darsi che Melchiade abbia posto lì il primo battistero, che però ben presto fu sostituito da uno maggiore sotto il suo successore Silvestro. Non è pure priva di ogni fondamento l'ipotesi che il battistero precostantiniano fosse già esistito prima. Il complesso delle « Aedes Lateranenses » fu vasto e composto di vari fabbricati. Settimio Severo (193-211) costruì in questo luogo una caserma per la guardia imperiale equestre, per i cosiddetti « equites singulares ». Costantino poi dopo la battaglia al Ponte Milvio sciolse questo corpo ed eresse sopra l'area della caserma la grande basilica lateranense [92]. Nel lungo periodo di pace prima della persecuzione del 303 e in occasione di buoni rapporti con la corte imperiale, i cristiani di allora potrebbero aver posseduto un luogo di culto in una parte dell'ampio edificio. Co-

---

[91] J. B. GIOVENALE, *Il Battistero Lateranense nelle recenti indagini della Pont. Comm. di Arch. Sacra*, 1929.

[92] E. JOSI, *in Atti del IV Congresso Intern. di Arch. crist.* (1938), Roma 1940, p. 53.

munque sia, consta che almeno nel 313 ci si trovò il battistero papale e che la tradizione di adibirlo ai battesimi non venne più interrotta neppure ai nostri giorni.

Se però si sia battezzato nelle catacombe non sappiamo. Vi sono in alcuni punti dei pozzi, da cui si potè estrarre l'acqua sotterranea, ma nulla indica che quest'acqua sia stata adoperata per battezzare. L'unico battistero sotterraneo è nel cimitero di Ponziano sulla Via Portuense, che fu fatto nel secolo quinto o sesto, in un cubicolo preesistente, ad uso della popolazione della campagna vicina e fu probabilmente in relazione con la chiesa cimiteriale [93].

---

[93] KIRSCH, *Le Cat. rom.*, p. 229.

X

IL POPOLO DI DIO

Le catacombe romane non solo ci parlano di papi, di martiri e di illustri confessori, ma anche del semplice popolo cristiano, mettendoci a contatto con la sua fede, con la sua vita famigliare e sociale, vita che in tutta la sua genuina semplicità e bellezza mista di gioie e dolori, affiora dagli affreschi e più ancora dalle iscrizioni sepolcrali. L'antico popolo cristiano, mentre ci vien presentato ripieno della fede sovrumana, appare impegnato a fondo nella dura vita giornaliera, vivente in condizioni sociali spesso simili alle nostre, agitato da preoccupazioni e passioni al pari di noi. E' questa la testimonianza eloquente delle catacombe romane.

Parlano specialmente le iscrizioni. Eppure chi ha percorso una catacomba con una delle solite guide, ne ha incontrate ben poche: una dozzina forse, sulle quindicimila calcolate da De Rossi per l'Agro Romano, ed oggi salite certamente a più di ventimila. Molte iscrizioni non si trovano più nel loro posto primitivo — disperse in parte per i musei di Roma, dell'Italia e dell'estero, ne possiamo ancora incontrare moltissime murate negli atrî di antiche basiliche romane come S. Maria in Trastevere, sulle pareti dei chiostri di S. Paolo, S. Lorenzo fuori le mura, Santi Quattro Coronati, divenuti in tal modo dei veri musei paleocristiani. Molte altre iscrizioni andarono perdute e noi le conosciamo solo dalle trascrizioni fatte dopo la loro scoperta.

Purtroppo finora le iscrizioni paleocristiane non sono state raccolte in un'opera. Delle pubblicazioni più recenti è di importanza fondamentale la collezione del De Rossi « Inscriptiones christianae Urbis Romae », iniziate nel 1857 e in seguito completate dal Gatti e dal Silvagni. L'edizione più commoda invece sono le « Inscriptiones latinae christianae veteres » pubblicate da Ernesto Diehl in tre volumi (1925-1931) che tengono conto anche delle iscrizioni rinvenute fuori di Roma, ma escludono quelle greche. Oltre queste opere abbiamo a disposizione solo delle monografie.

La maggior parte delle iscrizioni è ben leggibile. Per quanto, cominciando dal secolo quarto in poi, la loro ortografia e costruzione grammaticale come pure la calligrafia peggiorano sempre più, il compito di decifrarle riesce di solito facile perfino al laico. Soltanto per la decifrazione dei graffiti scritti in corsivo si richiedono studi particolari.

Sugli epitaffi di origine romana prevale di gran lunga il latino. Eppure non di rado appare il fenomeno strano che iscrizioni latine siano scritte a caratteri greci, come quella del 269: ΛΕΥΚΕΣ ΦΕΛΕΙΕ ΣΕΒΗΡΕ ΚΑΡΕΣΣΕΜΕ ΠΟΣΟΥΕΤΕ (= Lucius filiae Severae carissimae posuit etc.)[94]. Tali

---

[94] DE ROSSI, I, n. 11, (S. Maria in Trast.).

epigrafi sono per i filologi assai importanti, poichè indicano quanto si sia cambiata la pronuncia latina. Ma come spiegare questa usanza strana? Probabilmente la ragione è da ricercarsi non tanto nel fatto che i loro autori siano stati dei Greci, ma piuttosto nella curiosa usanza delle scuole di insegnare spesso ai ragazzi prima i caratteri greci e solo più tardi i latini, con la conseguenza che a qualcuno la scrittura greca era più famigliare di quella latina. Le iscrizioni invece redatte in lingua greca possono senza dubbio aver per autori dei greci di nascita, ma non esclusivamente perchè, essendo il greco l'antica lingua liturgica, spesso eran preferite le iscrizioni in lingua greca. Difatti, le epigrafi papali sono tutte greche fino alla fine del terzo secolo, meno Cornelio, quantunque non tutti quei papi fossero greci di nazionalità.

Ai tempi antichi, i nomi propri dei cristiani non si distinguevano da quelli dei loro connazionali pagani. Solo di rado e più tardi capitano nomi desunti dalla Bibbia, o quegli altri stranissimi di carattere religioso, come « Quodvultdeus », « Habetdeus », « Deogratias », usati di preferenza in Africa. Dei nomi di origine mitologica non si scandalizzava nessuno. I genitori cristiani che chiamavano i loro bimbi « Aphrodisia », « Dionysius » e « Apollonius » non vi vedevano nulla di male.

C'è chi dal gran numero dei cognomi greci, sia di cristiani sia di pagani, vorrebbe concludere che, in certe epoche, a Roma il greco sia stato parlato dalla maggioranza. Ma è una conclusione sbagliata. Dato il continuo afflusso di gente proveniente da tutte le provincie dell'Impero, non può recar meraviglia che vi siano sempre stati moltissimi greci. La grande massa della popolazione invece è sempre rimasta latina. Se i bimbi ricevevano nomi greci, ciò in parte si doveva alla moda, o in parte questi nomi, come «Dionysius», «Agapitus», «Sebastianus», avevano ormai perduto il carattere straniero ed erano entrati nel tesoro della lingua latina, dando origine al fenomeno tanto frequente di nomi greci e latini nella medesima famiglia.

Almeno dalla fine del quarto secolo in poi, affluiscono a Roma in numero sempre crescente dei «barbari», provenienti dal settentrione. Questi però assumevano costumi e nomi romani in così breve tempo che i nomi «barbari» sono delle eccezioni. Un'epigrafe che parla per es. di un «Adabrandus» è difficile che sia stata scritta prima del secolo sesto o settimo [95].

Roma era cresciuta, come anche le metropoli moderne, per l'immigrazione dal di fuori. Nella tarda età imperiale, soltanto pochissime famiglie residenti a Roma da secoli erano sopravissute. Non meno che le metropoli moderne Roma era diventata un «crogiuolo» nel quale le varie razze e culture si amalgamavano per uscirne tutte colla stessa impronta latino-romana.

E' chiaro che l'idioma parlato da quei latini antichi e nuovi non risentiva più l'eleganza e la raffi-

---

[95] sarcofago da S. Prassede Diehl, 484.

natezza ciceroniana. Già fin dal secolo secondo d. C. la pronuncia si era modificata assai, secondo la chiara documentazione delle iscrizioni. Così non venendo più pronunciate completamente le varie desinenze la gente incolta senza badare alla grammatica tradizionale scrisse per es. « in aeternu dolore » [96] senza rendersi conto se ciò significava « in aeternum dolorem » oppure « in aeterno dolore ». Molte consonanti si raddolcivano, e nessuno sapeva più come scriverle. Ne venivano fuori delle formazioni come « quesquet » per « quiescit », « baptidiare » per « baptizare », « Zesus » per « Jesus ». Le lettere B e V, E ed I si confondono in continuo, cosicchè venne fuori per es. « staviles » per « stabilis », « bibet » per « vivit ». Ciononostante troviamo delle iscrizioni cristiane di tutti quei secoli, compilate in esametri più o meno riusciti, indizio che la cultura scolastica non era ancora del tutto scomparsa.

Pare che la popolazione di Roma, verso il 300, alla fine delle persecuzioni, ammontasse a un mezzo milione di abitanti. Ne fu cristiana forse appena una settima parte. Nel seguente periodo di pace, questa proporzione andò sempre più aumentando per i cristiani. Ond'è che la maggior parte delle nostre iscrizioni cristiane appartiene al secolo quarto e quinto. Nel secolo sesto Roma era ormai trasformata in una città cristiana, ma in pari tempo la popolazione era talmente diminuita che ai tempi di Gregorio Magno, cioè verso il 600, possiamo calcolarne gli abitanti so-

---

[96] SILVAGNI, 1637.

lo a qualche diecina di migliaia. Dal 600 in poi le iscrizioni scompaiono quasi del tutto.

Nei primi secoli da noi considerati, i cristiani formavano una debole minoranza, ma non si nascondevano affatto nè in un ghetto nè in caverne sotterranee, e vivevano in mezzo ai pagani e sparsi per tutta Roma. Già verso la fine del secolo secondo, Tertulliano protestò contro l'accusa dai nemici, che i cristiani formassero una casta separata e priva di ogni sentimento sociale. Egli scrive: « Viviamo tra di voi, mangiamo come voi, indossiamo le stesse vesti, usiamo gli stessi arredi e abbiamo bisogno di ogni cosa come voi. Non siamo affatto Brahmani o eremiti favolosi, abitanti di boschi e nemici della vita. Facciamo uso insieme con voi del foro, del macello, dei bagni, delle taverne, delle officine, degli alberghi, dei mercati. Viaggiamo con voi nelle stesse navi, serviamo nell'esercito, facciamo la villeggiatura, compriamo le vostre merci e vi offriamo le nostre »[97].

Le parole di Tertulliano sono confermate con incontestabile eloquenza da tante iscrizioni, che ci parlano di tutti i mestieri possibili. Eccone alcuni esempi: Ecco fra i cristiani un panettiere del 12° rione « Piscina Publica » (zona di S. Saba e Terme di Caracalla) morto a 45 anni[98]; poi un fabbro ferraio[99] e un tessitore[100] ambedue dalla Subura;

---

[97] TERT. *Apol.* c. 42.
[98] MARUCCHI, *Le catacombe romane...* p. 105.
[99] DIEHL, 635
[100] DIEHL, 682.

un conciatore, sepolto nel cimitero di Commodilla [101];
una sarta (« sarcinatrix ») seppellita in quello di Callisto [102]; inoltre un pittore [103], un marmista [104], un
« quadratarius » che incideva le iscrizioni [105], un
« montanarius » [106], cioè un minatore il quale, sebbene forse non appartenesse alla corporazione ecclesiastica dei fossori, tuttavia (secondo l'iscrizione)
« ha lavorato in tutti i cimiteri ».

Nella catacomba di Commodilla troviamo sepolto un « elefantarius » [107], cioè scultore oppure mercante in avorio, e da quella di Ermete proviene l'epitaffio di un « pastillarius » [108], cioè droghiere o profumiere: questi « pastillarii » formavano, come del resto anche gli altri artigiani, una corporazione, e conosciamo l'epitaffio di un certo Marcellus, « patronus corporis pastillariorum » (Capo della corporazione dei profumieri) [109]. Incontriamo pure un « dulciarius », cioè pasticciere [110], un barbiere [111] e anche un « mulomedicus » («medico di muli ») ossia veterinario [112].

Inoltre troviamo nella città pure delle professioni

---

[101] Diehl, 638.
[102] Diehl, 644.
[103] Diehl, 669, a S. Lorenzo.
[104] Silvagni, 1761, Mus. Lat.
[105] de Rossi, I, 256; da s. Agnese con la data 376.
[106] Diehl, 651, s. Agnese.
[107] Diehl, 680.
[108] Diehl, 628, Mus. Lat.
[109] De Rossi, 687.
[110] Diehl, 626, Agro Verano.
[111] Tussor-tusor, tonsor Diehl, 604, Mus. Lat.
[112] Diehl, 616.

agrarie: un giardiniere (« hortulanus »)[113], un ortolano (« pomararius »)[114] e perfino un porcaro (« porcinarius »)[115].

Incontriamo anche alti funzionari e piccoli impiegati. Ricordiamo un certo Cucumio il quale, ancora in vita, per sè e sua moglie Victoria, fece incidere il grande epitaffio che tutt'oggi si ammira nel Cimitero di Domitilla, e che era impiegato quale guardarobiere (« capsarius ») nelle Terme di Caracalla. Un altro era « exceptor », cioè scrivano del « Praefectus vigilum »[116], capo di quei « vigiles » che erano i vigili del fuoco dell'Urbe e in pari tempo anche una specie di carabinieri. Sallustius Severianus[117] era « exceptor » del « praefectus Urbis », oggi si direbbe segretario del Governatore dell'Urbe; in ottima posizione per una bella carriera se nel 402 non fosse morto a 22 anni. Tra gli impiegati pare che sia da annoverarsi pure un « horrearius »[118], probabilmente amministratore dei granai dell'Urbe. Nel palazzo imperiale sul Palatino, quantunque non vi risiedesse quasi mai l'imperatore, c'erano tuttora impiegati di corte, come quel cristiano che nel 404 rivestiva l'ufficio di « vestitor imperatoris »[119] ossia (primo) camerlengo di sua maestà.

Spesso le epigrafi cristiane ci parlano di notai,

---

[113] DIEHL, 592, scala di s. Agnese.
[114] DIEHL, 638, *Commodilla*.
[115] DIEHL, 689, Domitilla.
[116] MARUCCHI, p. 236, *Callisto*, anno 338.
[117] SILVAGNI, 1213, *Antiquario civico*.
[118] DIEHL, 591, anno 530.
[119] MARUCCHI, p. 105.

maestri e medici. Dal « Coemeterium Ad Catacumbas » proviene il sarcofago di un medico che vien esaltato non solo perchè « ingeniosus » ma pure come benefico e niente cupido di danari riguardo ai poveri [120]. Quanto ai medici pare che la nazionalità straniera abbia destato speciale fiducia. Su un epitaffio datato dal 388 incontriamo un medico cristiano della Spagna col barbaro nome di Rapetiga [121], e un suo collega, cristiano pure lui, col genuino nome africano di Miggin [122]. Non manca neppure la professione di avvocato (« juris consultus », « scholasticus »).

Molte volte sugli epitaffi cristiani si parla di soldati di tutti i gradi. Un certo Aurelianus, la cui epigrafe ora trovasi nel museo del Laterano, fu per venti anni Centurio ossia capitano [123]. Quanto poco i nomi valgono a indicare la nazionalità, ce lo prova l'epitaffio di un ufficiale superiore cristiano [124]: suo padre portava il nome latino Lupicinus, lui stesso il nome greco Heraclius, e la sua patria era la Raetia Secunda, oggi la Baviera inferiore.

Con tutto questo l'elenco di mestieri e professioni non è affatto terminato.

Chi ha visitato il famoso camposanto di Staglieno a Genova, ammirando i tanti sepolcri fastosi, si sarà pure soffermato dinnanzi alla graziosa e finissima statua marmorea di una fioraia che aveva mes-

---

[120] Diehl, 609.
[121] Diehl, 610 dal cem. di Ciriaca, ora al Mus. Lat.
[122] Diehl, 608, dal cem. di Ermete, ora a Palermo.
[123] Silvagni, 1558.
[124] Silvagni, 1640.

so da parte i suoi risparmi per potersi permettere il lusso di aver dopo la sua morte un ricco monumento. Eccoci ora dinnanzi a una tomba della metà del secolo quarto, tuttora conservata nelle catacombe di Callisto, che appartiene a una erbivendola romana che, già più di mille anni prima, ha avuto la stessa ambizione della fioraia genovese. Benchè non sia arrivata ad avere una statua di marmo, tuttavia ha potuto permettersi il lusso di una propria tomba ad arcosolio, lusso che, generalmente, potevansi concedere solo i cristiani agiati. La vediamo effigiata sull'affresco di fondo e, sebbene la parte superiore sia rovinata, la riconosciamo tuttora in mezzo a due tavoli carichi di ogni specie di verdura e davanti a sè un cesto ricolmo di legumi. Nella volta dell'arco vediamo dipinti fiori e uccelli, graziosa allusione al paradiso.

Dal monumento della semplice e modesta erbivendola passiamo ad un'altra tomba ad arcosolio il cui affresco ci rievoca la vita tumultuosa degli antichi artisti del circo romano. La tomba si trova nella catacomba sotto la Vigna Massimo sulla Via Salaria Nuova. A causa del carattere profano delle tombe ivi giacenti la catacomba per lungo tempo fu ritenuta pagana. Ora dopo le lunghe e pazienti ricerche del Wilpert, che vi scoprì nuove gallerie e tombe, il carattere cristiano non ammette più alcun dubbio.

La nostra tomba ad arcosolio risale al quarto secolo. Sebbene gli affreschi siano assai rovinati, non è difficile, grazie ad alcune copie antiche, di reintegrarli perfettamente. La lunetta di fondo mostra entro un cerchio il busto nudo del defunto, un uomo di statura giovane e robusta. Quale sia stata la sua professione, ce lo manifestano gli affreschi intorno. Nella parete di fronte si vedono due « Vittorie » con palma e corona; nella volta dell'arco vediamo due volte un uomo eretto su una quadriga che stringe nella destra una corona e nella sinistra una palma. Palma e corona erano i trofei che si conferivano ai vincitori della corsa. Eccoci dunque davanti alla tomba di un giovane auriga che nella giostra si era conquistato trofei della vittoria. La penna verde sulla testa di un cavallo ci fa concludere con certezza che il defunto, se non stava proprio al servizio del partito verde, almeno aveva per esso riportato le sue più belle vittorie.

Gli antichi aurighi, sotto molti rispetti, rispondono ai fantini di oggi. Spesso provenienti da bassi strati della società, grazie alla loro professione, arrivavano facilmente a fama e ricchezza. Nella Roma antica, gli aurighi si erano divisi in quattro partiti naturalmente in lotta fra di loro. Come oggi nelle partite di calcio e nelle gare ciclistiche le varie squadre si distinguono per i colori, così pure i quattro partiti degli antichi aurighi: i « Bianchi », i « Rossi », gli « Azzurri » e i « Verdi ». Il pubblico romano era diventato talmente appassionato di questo sport, che questi quattro partiti dividevano in campi avversi non soltanto la gioventù fanatica per lo sport, ma addirittura tutto l'impero. Il loro influsso e la loro compattezza finì per impadronirsi perfino della politica. Non di rado gli stessi imperatori aderivano a uno dei partiti e si sfogavano poi contro gli altri. I più forti erano gli « azzurri » e i « verdi » che in seguito si fusero in un solo partito. L'imperatore Caligola, fanatico « verde », fece ammazzare i cavalli ed aurighi degli avversari; Nerone si produceva al circo nei colori dei « verdi »; l'imperatore Vitellio invece parteggiò per gli « azzurri » ai quali, si dice, dovesse la sua carriera. Il fanatismo della folla arrivò a tal punto che, come narra Plinio, in occasione della cremazione di un campione dei « Rossi », uno dei suoi adoratori si gettò nelle fiamme per bruciare insieme con lui. Le statue dei più famosi campioni si incontravano per tutta Roma, ed anche celebri poeti non disdegnarono di esaltare nei loro versi quei campioni del circo.

Gli introiti dei più famosi aurighi possono essere paragonati soltanto alle paghe delle nostre grandi « stelle » del cinematografo. Giovenale calcola le entrate di un « astro » dei « Rossi » uguale a quella di cento avvocati presi insieme. Anche se tale calcolo fosse esagerato, le somme debbon essere state fantastiche.

Che vi fossero degli aurighi cristiani, ce lo prova oltre il nostro ipogeo sotto la Vigna Massimo, anche la storia antica. La Roma del secolo quarto e quinto era, in sostanza, cristiana, come del resto anche la sua potente rivale al Bosforo, ed anche allora le gare fra gli aurighi continuavano senza che la passione e il fanatismo dei partiti accennasse a diminuire. Ancora nel secolo sesto divampò per causa loro a Costantinopoli la famosa rivoluzione di Nica.

E' facile immaginarsi quanto sia stata restia la Chiesa ai giuochi del circo, degenerati in tanti eccessi di rivalità da non conoscere più nè limiti nè misura. Il papa Leone Magno si lagnò amaramente che gli spettacoli attraessero più gente che non i luoghi santificati dai martiri. Ma quei cristiani, ossessionati dal circo, non volevano rinunciarvi, e si appellavano, in loro difesa, all'esempio di Elia che pure lui sarebbe salito al cielo su una quadriga.

Non temiamo dunque di far gran torto ai nostri aurighi se non li annoveriamo fra i cristiani più zelanti. Non sarà solo un caso il non trovare sulla tomba citata alcun accenno alla fede cristiana, ma solo distintivi di una professione quanto mai mondana?

Vicino al nostro campione del circo si trova il sepolcro della famiglia di un soldato, ed anche qui senza un accenno alla fede cristiana. Nella lunetta della tomba ad arcosolio vediamo raffigurato un soldato, vestito di tunica lunga e di clamide, che impugna la lancia e lo scudo rotondo; accanto a lui un ragazzo, probabilmente il figlio. Sulla volta si vede il busto del soldato che poi si ripete una terza volta sulla parete destra, vestito però di tunica succinta e che impugna la sola spada. Vi fa riscontro sulla parete sinistra il ritratto di una donna con un ragazzo, che raffigurano senza dubbio madre e figlio.

Nelle catacombe di Priscilla ci imbattiamo, appena entrati, in una piccola quanto attraente camera sepolcrale, adorna di un affresco rozzo e strano che fu oggetto delle più varie interpretazioni. Chi voleva vedervi rappresentati otto martiri, condannati a portare acqua; chi una cantina quale simbolo della tomba. Esaminiamo dunque l'immagine più da vicino. Sulla parte sinistra si vedono due grandi botti, posate sul pavimento una dietro l'altra; sulla parte destra appaiono due gruppi composti ognuno di quattro uomini che quasi tutti, poggiati su dei bastoni, si sforzano di spingere avanti una terza botte più grande. Giustamente il Wilpert ha negato a questa scena ogni significato religioso, spiegandola quale affresco sepolcrale di una piccola corporazione di bottai. Come l'erbivendola e l'auriga si fecero rappresentare nell'esercizio della loro professione, così anche questo piccolo gruppo di artigiani che, come spesso si usava, possedevano un ipogeo comune.

Come i bottai di Priscilla, così anche un gruppo della corporazione dei panettieri romani possedeva una camera sepolcrale nella catacomba di Domitilla. Solo che quest'ultima è adorna di pitture più accurate e ricche. Al centro si affaccia la figura di un maestro panettiere, in veste di lavoro dietro a un mogio ricolmo di grano. Al di sotto corre un fregio che descrive in modo assai interessante l'importazione ed il trasporto del grano. Infatti, ai panettieri di quel tempo spettava non solo fare il pane, ma anche di macinare il grano.

Dai grandi granai dell'impero, la Sicilia, la Sardegna e l'Egitto, il grano veniva trasportato a Ostia, antico porto di Roma, di qui caricato sui battelli e portato sul Tevere fino alle vicinanze dell'Aventino dove scaricato e trasportato nei depositi dell'Annona, veniva poi distribuito ai panettieri. Nel nostro ciclo catacombale vediamo alla sinistra descritto il trasporto del grano dalle navi ai granai pubblici; tre battelli, stracarichi di grano, sono approdati alla riva del Tevere; dieci operai, sorvegliati da due ufficiali dell'Annona, stanno trascinando i sacchi dal battello al granaio. Chi li porta già sulle spalle, chi si accinge a caricarseli. Sulla parte destra dell'affresco vediamo quattro operai che si appoggiano faticosamente a dei bastoni — proprio come i bottai di Priscilla — portando faticosamente un carico di grano; i panettieri stessi sono rappresentati in un gruppo di sette uomini che stanno discutendo.

I panettieri che fecero adornare questa camera sepolcrale hanno saputo ingegnosamente farsi conoscere come cristiani, facendo dipingere a destra della scena principale la miracolosa moltiplicazione dei pani.

Del ceto dei mercanti e artigiani, due sepolcri meritano speciale rilievo. Vicino alla camera sepolcrale testè descritta vi è una tomba ad arcosolio dove vediamo raffigurato un cordaruolo che, insieme con sette garzoni, sta lavorando nella sua bottega. Al commercio di olio e vino si riferisce l'affresco nella lunetta di una tomba ad arcosolio che trovasi nella catacomba di Ponziano; vi è rappresentata una barca a vela, tutta carica di anfore. Un barcaiuolo attende a remare, un altro tiene il timone. Il proprietario della tomba era quindi o un mercante di olio e vino o apparteneva ai barcaiuoli ai quali spettava il trasporto sul Tevere.

Abbiamo passato in rassegna mestieri e professioni di cristiani viventi nel secolo IV e V. Ma che pensare della vita dei cristiani svoltasi ai tempi delle persecuzioni? Non abbiamo nessun motivo a ritenere che le loro condizioni di vita allora fossero essenzialmente diverse da quelle descritte. Pure, mancando per quest'epoca iscrizioni datate, altre fonti suppliscono e ci presentano lo stesso quadro. Il cristiano Minucio Felice che verso il 200 compilò la sua opera apologetica « Ottavio » era avvocato a Roma. Sesto Giulio Africano era impiegato dell'imperatore Alessandro Severo (222-235) quale bibliotecario al Pantheon. Sembra però che abbia professato un cristianesimo piuttosto mondano.

Non sappiamo dire se fra i cristiani romani della prima età vi sia stato un medico: ma ne incontriamo un tale fra i martiri lionesi del 177. Abbiamo spesso notizia di cristiani che avevano degli impieghi nei vari gradi alla corte imperiale specie ai tempi di Valeriano prima che questi scatenasse la persecuzione. Insieme con Giustino nel 162 si giustiziarono sei cristiani di cui due erano schiavi dell'imperatore. Dalla relazione di Ippolito sappiamo di un Carpoforo che fu liberto dell'imperatore e padrone del futuro papa Callisto, come pure veniamo a sapere che lo stesso Callisto aveva una banca alla Piscina Publica. Che fra i soldati vi fossero in tutti i tempi dei cristiani, ce l'attestano i numerosi martirii di soldati.

Tertulliano, nella sua opera « de idolatria » prende in esame tutt'una serie di professioni le quali, a parere suo, potevan creare ad un cristiano difficoltà di mantenersi libero da ogni apparenza di idolatria.

Nessun dubbio circa l'esistenza di tali difficoltà, essendo infatti tutta la vita pubblica e privata contaminata da cerimonie religiose, ma Tertulliano nel suo timore che i cristiani cadessero nell'idolatria va troppo oltre. Così non vuole ammettere che i cristiani siano artisti o artigiani a causa dell'eccessivo pericolo di servire mediante la loro arte al culto pagano; gli scolari cristiani possono, secondo lui, frequentare le scuole pagane, ma non riesce a concepire un maestro cristiano che si mantenga perfettamente libero dall'idolatria; gli pare rischiosa perfino la professione di mercante, non solo per il pericolo di avidità e di truffa, ma pure per il rifornimento di merci che, come per es. l'incenso, servivano al culto pagano. I piccoli impiegati che assistessero ai riti pagani soltanto al seguito dei loro superiori, come pure i cristiani che fossero schiavi di padroni pagani, meriterebbero scusa; un cristiano invece che avesse avuto l'ufficio di sopraintendente, gli pare in situazione quasi disperata, a meno che non riuscisse di ottenere un privilegio speciale oppure disponesse di tanta astuzia di mantenersi libero da ogni apparenza di idolatria; quanto al servizio militare, lo respinge semplicemente, perchè assolutamente incompatibile con la religione cristiana.

Tertulliano scrisse quest'opuscolo quando già era passato al Montanismo e parteggiava per un rigorismo intollerabile. Quindi, almeno sotto questo riguardo, non può passare quale portavoce del genuino sentimento cristiano del secolo secondo. Tuttavia quanto lui scrive è per noi assai istruttivo, giacchè dimostra in quante reali difficoltà si trovassero i cristiani del suo tempo, e quanti di loro si sforzassero di superarle.

Un'iscrizione interessantissima ci perviene dal 217. Si trova incisa su un grande sarcofago, trovato in una tomba sulla Via Labicana e ora conservato nel Parco di Villa Borghese:

« M. Aurelius Prosenes, liberto di due imperatori (cioè Marco e L. Vero, oppure Marco e Commodo) « a cubicolo » dell'imperatore (noi diremmo forse: addetto al ministero della casa imperiale), tesoriere, (impiegato) nell'amministrazione dei beni privati, nelle distribuzioni pubbliche, assegnato dal divino Commodo all'amministrazione dei magazzini; all'insigne e benemerito padrone i suoi liberti hanno dedicato, a proprie spese, questo sarcofago ».

Questa epigrafe di uno dei tanti funzionari imperiali non desta in modo speciale la nostra attenzione. Ma ecco su uno dei lati del sarcofago scolpito a caratteri più piccoli, come se fosse una timida aggiunta: « Prosenes fu assunto a Dio (poi giorno e mese e, probabilmente, il luogo, illeggibili) sotto il consolato del Praesens e dell'Extricatus II (217) mentre da un viaggio di servizio stava ritornando a Roma. Lo ha scritto il (suo) liberto Ampelius ».

La sola frase « receptus ad Deum » (assunto a Dio) documenta con piena certezza che Prosenes era cristiano. Essendo stato messo in libertà prima del 180 o perfino del 169, era già un uomo attempato. In servizio sotto cinque imperatori, cioè Marco Aurelio, Commodo, Pertinace, Severo, e Caracalla, gli erano state affidate cariche di fiducia di primo ordine che lo mettevano in continui rapporti con i vari imperatori. Molto ricco, non lasciò alla sua morte alcun parente. Probabilmente aveva accompagnato l'imperatore Caracalla in Mesopotamia e, quando questi l'otto aprile 217 cadde vittima di un attentato, Prosenete, messosi sulla via di ritorno, fu pure sorpreso dalla morte. La sua salma fu trasportata a Roma e seppellita solennemente dai domestici, secondo il costume pagano. Pare che i suoi liberti, tranne uno solo, abbiano ignorato che Prosenete fosse cristiano. Ma quell'uno, di nome Ampelius, non poteva sopportare che sulla tomba del venerato padrone non vi fosse alcun segno che ricordasse la fede cristiana; onde aggiunse le parole citate [125].

Possiamo ben immaginarci quanto sia stata difficile la posizione di quell'uomo tanto in vista alla corte imperiale, dove giorno per giorno doveva sfidare il pericolo di vedersi in conflitto fra la sua fede e i suoi doveri verso l'imperatore. Prosenete era « procurator munerum »; spettava dunque a lui di organizzare i ludi festivi imperiali, le caccie nell'anfiteatro e gli spettacoli gladiatorii. Fortuna che mentre era in carica, a Roma non avvenne alcuna persecuzione in grande stile. Ma Prosenete non avrà ignorato che nel 202 il suo collega a Cartagine si vide costretto a lanciare le fiere contro Perpetua e Felicita. Dall'altra parte era forse in grado di rendere alla Chiesa molti servigi, non solo mediante le sue ric-

---

[125] Così pressappoco secondo MOMMSEN, CIL VI, 8, 498; Dessau Inscr. Lat. 1738.

chezze, ma pure col suo influsso a corte. Nell'azione di amnistia, ottenuta dal papa Vittore ai tempi di Commodo in favore dei cristiani nella Sardegna, possiamo supporre il suo valido aiuto.

Ma tutto ciò ci fa pure pensare che quell'uomo, durante la sua vita, deve aver provato l'amarezza della solitudine. Si vide abbandonato perfino nella morte, senza che neppure uno dei suoi nascosti fratelli di fede gli fosse vicino per confortarlo. Se fosse morto a Roma, possiamo immaginarci, che sarebbe venuto il dotto presbitero Ippolito a ricordargli come conforto le promesse del Signore; il diacono Callisto gli avrebbe portato il viatico, ed il vescovo Zefirino gli avrebbe amministrato la santa unzione. Ma quando lo colse la morte, solo e lontano da Roma, nell'ultima ora avrà dovuto trar conforto dal pensiero che più tardi il suo fedele Ampelius avrebbe scritto sulla lapide: Prosenes receptus ad Deum.

Gli antichi usavano spesso di eternare sulla pietra sepolcrale non solo il nome del defunto ma anche i nomi dei parenti che avevano dedicato la lapide. Talvolta veniamo così a conoscere alquanto le condizioni di famiglia. Le esaltazioni, scolpite dai parenti sulla lapide, sono il più delle volte piuttosto convenzionali, come la frase « al benemerito » (« benemerenti ») che torna infinite volte, persino sulle tombe di neonati.

Più o meno lo stesso si dica della stereotipata protesta di coniugi che sono vissuti insieme « sine querela » — senza dissidi. D'altra parte questo encomio che riscontriamo pure sulle tombe dà l'impressione di una certa cultura e formazione che talvolta stanno in strano contrasto con la barbara ortografia e grammatica delle iscrizioni.

Certo più d'una pura formula è l'amoroso ricordo, dedicato da un cristiano a sua moglie defunta: « A una donna di insolita onestà che sempre circondava suo marito con particolare affetto »[126]; come pure l'omaggio di un altro: « A una donna di mirabile bontà e impareggiabile santità ed esemplare castità. La sua vita era piena di decoro, pietà e virtù e lodevole in tutto. Ha vissuto 33 anni, dei quali 15 con me senza che mai mi abbia rattristato. Ha dato alla luce 7 bambini dei quali 4 sono insieme con lei nell'amplesso del Signore »[127].

Se leggiamo che un bimbo di 4 anni sia stato « di meravigliosa innocenza e saggezza »[128] restiamo un po' increduli; ma non quando leggiamo l'elogio di un padre, così commovente nella sua semplicità: « Al mio figlio Dalmazio, ragazzo di grande ingegno e saggezza. L'infelice padre non potè goderselo neppure per 7 anni completi. Imparò a scrivere in greco e apprese, senza che alcuno gliel'avesse insegnato, la scrittura latina »[129].

Quanto sono simpatici tutti questi tratti umani che ci rappresentano gli antichi cristiani nell'ambiente della vita giornaliera, della loro professione e della loro famiglia; tratti che ci fanno intendere il loro

---

[126] MARUCCHI, p. 72, *Cemet. dei SS. Processo e Martiniano*.
[127] SILVAGNI, 1550, Mus. Lat.
[128] DE ROSSI, 125, dal cem. di Priscilla, anno 354.
[129] SILVAGNI, 1978, Mus. Naz.

idioma nel quale risuonano gioia e dolore, ansie e passioni, idioma familiare pure a noi; ora li sentiamo tanto vicino anche se ci separano da loro quindici e più secoli e diverse condizioni di vita.

Eppure questi tratti tanto suggestivi non sono l'ultimo segreto del fascino irradiato dai semplici epitaffi delle catacombe; è qualcos'altro di ben più intimo che fa vibrare il nostro cuore: è la medesima fede in Cristo e la medesima speranza in una vita migliore. Queste, nell'austero linguaggio delle pietre sepolcrali ci attraggono; queste, nella luce trascendentale della grazia, colmano gli abissi dei secoli, fanno risorgere dalla dimenticanza il « popolo di Dio » dei primi secoli cristiani: uomini e donne e bambini, deboli ed eroi, gente ricca e povera, colta e rozza. Sono i nostri fratelli in Cristo; quelli che la comune fede e la medesima speranza ci congiungono in intima amicizia e fraternità.

Ecco la formula ripetuta migliaia e migliaia di volte: « in pace ». E' più di una formula. Ogni volta che torna è almeno una professione della fede in Cristo come lo è nelle stesse pietre sepolcrali il monogramma di Cristo. « In pace »: ecco il segno più frequente che ci permette di distinguere con certezza le iscrizioni cristiane da quelle pagane; il segno caratteristico già nell'antichità: chi leggeva le parole « in pace » sapeva che vi era sepolto un cristiano.

Ma è più che una semplice professione di fede. Gli antichi risentivano vivamente il significato profondo di questa frase. Ce lo provano tante iscrizioni in cui « in pace » appare variata in « in pace Domini », « in pace Dei », « in pace Christi », « in pace aeterna ».

Questa pace non è soltanto riposo, liberazione da lotta e dolori. Nel senso più profondo è l'unione con Dio. Le anime dei defunti conducono in questa « pace » una vita vera e reale. Non meno spesso del voto « Dormi in pace » o « in pace dormias »[130] torna quest'altro: « Semper vive in pace »[131] o « semper in pace gaude »[132], « vivas in pace Dei »[133].

E questa « pace di Dio » in cui l'anima si trova immersa non comincia soltanto con la morte. Quanto è vero che la sua consumazione si attua solo nell'altro mondo, tanto è vero che già in terra il cristiano vive « in pace ». Frequente quanto mai torna la espressione « Recessit in pace fidelis » (morì in pace da fedele) e « Vixit in pace fidelis » (visse da fedele in pace).

Ancora di più. « Pax » può addirittura significare l'unione colla Chiesa. Un'iscrizione romana che risale al 357 ci attesta che un certo Quintilianus fu sepolto « in pace legitima »[134]; ora sappiamo che proprio in quell'anno a Roma regnava lo scisma fra Liberio e Felice; onde « in pace legitima » significa: in unione colla legittima Chiesa.

Questa frase rispecchia fedelmente la terminologia usata dagli antichi scrittori ecclesiastici che tante volte usano contemporaneamente i due termini

---

[130] Diehl, 2288.
[131] Diehl, 2291.
[132] Diehl, 2292.
[133] Diehl, 2212.
[134] de Rossi, 132.

« pax » e « communio »[185]. Ancora oggi si legge nelle solenni encicliche papali: « Pacem et Communionem cum Apostolica Sede habentes »; ciò non vuol dire soltanto: chi non sta in discordia, ma chi è collegato col papa nell'unione soprannaturale. S. Agostino, in una lettera indirizzata a Girolamo, attesta di un giovane che era « catholica pace frater »[136]; volendo dire con ciò: è membro della Chiesa cattolica, non è scismatico. Gli stessi termini sono anche in uso dai greci: « Koinonia kai agape »[137]. Talvolta appare persino sulle iscrizioni latine invece di « in pace » il termine piuttosto greco « in agape »[138].

La pace che i fedeli defunti ritrovano in Dio è una vita vera e reale. Assai spesso torna invece del « Vivas in pace » semplicemente « Vivas in Deo ». Su una iscrizione del Museo Lateranense leggiamo « semper vivas in Deo, dulcis anima! »[139]. Lo stesso significato torna in quelle altre frasi: « Vivas in Domino », « vivas in Domino Jesu », « vivas in Spiritu Sancto », oppure « vivatis inter Sanctos »[140], « Spiritum tuum inter Sanctos »[141].

E' una vita beata. « In pace et paradisu » leggiamo su un epitaffio di Cartagine »[142]; in un'altra

---

[185] TERT. *de Praescr.* c. 32: (Haeretici) nec recipiuntur in pacem et communionem ab ecclesiis quomodocumque apostolicis.
[136] *Inter Epist. Hieron.*. 131, 2 ML 22, 1125. Cf. L. HERTLING, *Communio und Primat* (1943) in: Miscell. Hist. Pont., vol. VII, fasc. 9.
[137] ATHANASIUS *Apol.*, n. 20, MG 25, 281.
[138] DIEHL, 2723 ss.
[139] DIEHL, 2202.
[140] DIEHL, 2231.
[141] MARUCCHI, p. 208, Cem. di Callisto.
[142] DIEHL, 2722.

che proviene dal cimitero di Ermete « in pace et in refrigerium » [143]. Spesso questa vita vien caratterizzata come vita della luce in opposizione alla vita nelle tenebre in terra. Un'iscrizione a S. Prassede del 397 ci riferisce: « Qui dorme Severiano il sonno della pace. Il suo spirito è stato assunto nella luce del Signore » [144]; e un'altra nel Museo Lateranense: « Hermaiske, tu vivi, nella luce in Dio per il Signore Gesù Cristo » [145].

Ma questa vita beata nell'altro mondo non impedisce affatto ai beati di ricordarsi dei loro fratelli lasciati in terra e di aver cura di loro.

Ecco come scrive un padre sulla tomba di suo figlio settenne: « Il tuo spirito riposi in Dio. Prega per tua sorella » [146]. Parole che ci fanno supporre che il padre fosse stato vedovo e che dei bambini gli fosse rimasta una sola ragazza a cui ora dedicava tutta la sua premura.

Scrive un altro: « Gianuaria, godi della tua beatitudine e prega per noi! » [147]. Su una lunga iscrizione, già molto rovinata, al cimitero di Callisto leggiamo: « Io non merito di esser unito con Dio. Ottienimi con la tua intercessione che Dio mi perdoni i miei peccati » [148]. E su un altro epitaffio che oggi si conserva sul Campidoglio: « Attico, dormi in pace.

---

[143] DIEHL, 2722.
[144] SILVAGNI, 941.
[145] SILVAGNI, 1867.
[146] MARUCCHI, p. 537, dalle Cat. di Priscilla, ora Mus. Lat.
[147] MARUCCHI, p. 208, Cem. di Callisto.
[148] DIEHL, 1558.

La tua salvezza è sicura; ma prenditi cura (di noi) e prega per i nostri peccati!» [149].

Ma i superstiti pregavano anch'essi per i loro defunti. Credendo al purgatorio, erano convinti che la preghiera tornasse loro utile. Tutti i pii voti sulle lapidi, persino il semplice «riposa in pace» o quell'altro «che tutti gli spiriti dei Santi ti assumano in pace» [150] sono preghiere per la salute dell'anima, come pure quell'altro «Signore Gesù, ricordati del nostro bambino» [151]. Un marito scrive sulla lapide di sua moglie: «Ognuno dei fratelli che legga questo, preghi il Signore che l'anima di essa venga assunta, santa e innocente, da Dio» [152].

E' vero che le iscrizioni delle catacombe non sono altro che pietre sepolcrali. Se non possiamo aspettarci di trovare su di esse la confessione di tutte le verità cristiane, e neppure menzionati e commentati tutti gli aspetti della vita cristiana, come lo ritroviamo con maggiore abbondanza nei libri contemporanei dei Padri, d'altra parte le iscrizioni ci attestano con viva chiarezza quello che non possono vantare per sè le opere classiche di teologia, cioè quanto profondamente si sia radicata la fede cristiana nei cuori del popolo. Per tutti quegli uomini, sia gente colta, sia gente che appena sapeva leggere e scrivere, la fede cristiana era divenuta una realtà vivamente compresa e profondamente sentita. Dio, Cristo, immor-

---

[149] SILVAGNI, 1238.
[150] SILVAGNI, 2703.
[151] MARUCCHI, p. 165, Cim. di Domitilla.
[152] SILVAGNI, 1677.

talità, beatitudine eterna, comunione dei Santi, erano per loro realtà altrettanto sicure quanto lo erano le gioie e i dolori della vita giornaliera.

Eran uomini del loro tempo, vincolati alla realtà d'ogni giorno come qualunque uomo, ma nella visione del futuro, nella contemplazione delle cose celesti possedevano un occhio limpido, una concezione superiore. Al crasso materialismo di quasi tutte le altre religioni popolari si contrappone proprio qui il divino sigillo della superiorità della religione cristiana.

XI

L'ARTE DELLE CATACOMBE

Quanto noi oggi sappiamo di arte dell'antichità cristiana si riduce quasi alla sola arte sepolcrale. Ciò si spiega per il semplice motivo che i monumenti artistici, fortunatamente conservati, provengono quasi esclusivamente dalle catacombe. Questo, quantunque non sia motivo sufficiente per affermare che la Chiesa, prima di Costantino, non abbia conosciuto solo arte funeraria, mette tuttavia in risalto l'importanza particolare delle catacombe per la nostra conoscenza dell'arte paleocristiana.

Eppure il semplice fatto che la Chiesa, fin dai primi tempi, ci abbia dato una propria arte cristiana, non può far a meno di recarci meraviglia. Non si può infatti affermare che l'arte, nei primi secoli, abbia goduto il favore di molti di quei che si facevano portavoce del sentimento cristiano. La loro avversione si riallacciava in parte alla tradizione dell'Antico Testamento che vietava ogni rappresentazione figurativa; in parte era pure suggerita dal timore, non del tutto infondato, che il popolo cristiano, abusandone, ricadesse nell'idolatria. Ancora all'inizio del secolo IV il Concilio di Elvira in Ispagna credette opportuno di emanare un canone contro l'esercizio dell'arte.

Non sembra però che questa corrente spiritualistica sia riuscita ad ostacolarlo efficacemente. Il popolo semplice, fino allora abituato alle rappresentazioni figurative, le richiedeva anche nel Cristianesimo, e questo suo atteggiamento vinse infine tutti gli scrupoli. Oggi sappiamo che perfino nel Giudaismo della Diaspora la legge che con tanto rigore proibiva qualsiasi immagine era insostenibile. Gli scavi di Dura-Europos hanno rimesso in luce, oltre la chiesa cristiana sopra citata, anche una sinagoga le cui pareti appaiono tutte coperte di pitture.

Per quel che riguarda i generi rappresentativi, l'arte delle catacombe ci offre quasi esclusivamente affreschi o basso-rilievi scolpiti su sarcofaghi. Quanto all'arte industriale, possediamo prima di tutto i così detti fondi d'oro, cioè rappresentazioni figurative incise su una fine lamina d'oro, racchiusa fra due vetri. La collezione più copiosa di tali fondi d'oro, provenienti dalle catacombe, si trova ora nel Museo Cristiano Vaticano. Vi si devono aggiungere alcuni bronzi, qualche terracotta, ed infine le migliaia di lampade in terracotta, rinvenute pure esse nelle catacombe, con motivi per lo più decorativi, talvolta anche allegorici.

Nelle catacombe ci troviamo dinanzi ai primi inizi dell'arte cristiana, la più antica che si conosca. Vale quindi la pena di domandarci donde venga quest'arte; se costituisca, rispetto alla forma, una creazione originale del Cristianesimo, o continui piuttosto la tradizione artistica dell'antichità greco-romana. Ci sono dei propugnatori per entrambi le ipotesi. Noi invece siamo piuttosto portati a ritenere che il contenuto sia in genere di origine propriamente cristiana, e che la forma, all'inizio, non si distacchi da quella pagana.

Alcuni tentarono di interpretare le rappresentazioni delle catacombe quale dissolvimento della forma classica, dissolvimento che doveva corrispondere perfettamente alla nuova tendenza spirituale del Cristianesimo. In realtà però, l'arte romana di quell'epoca già era entrata in una fase di forte adattamento impressionistico, forma che bene si prestò ad esprimere la nuova concezione cristiana. D'altra parte, l'orientamento cristiano verso il mondo trascendentale e il suo sforzo verso una vita sovrumana dovette finire per imporsi pure all'arte. Ond'è che lo stile classico, già dissolto nell'impressionismo, a poco a poco andava trasformandosi nell'idealismo bizantino di tempra un pò astratta, trasformazione che giunse a compimento solo nel secolo VI°. Verso la metà del secolo IV° invece, l'arte cristiana si riallacciò per una breve parentesi, all'antica tradizione classica, creando così una specie di rinascimento il cui capolavoro si trova nelle Grotte Vaticane nel famoso sarcofago del prefetto Giunio Basso. Tale ondata rinascimentale si rivela pure alquanto nel mosaico dell'abside di S. Pudenziana, e nulla vi è di più istruttivo ed impressionante del confronto tra questo mosaico e l'altro dei Ss. Cosma e Damiano: nel primo la testa di Cristo è foggiata al classico tipo di Giove, nell'altro invece porta l'impronta spiritualistica dello stile bizantino. Ancora più vivaci discussioni ha sollevato un'altra controversia, disputata soprattutto dallo Strzygowski ed il Wilpert, cioè se l'origine dell'arte paleocristiana sia da ricercarsi in Oriente o a Roma. (Il principale difensore dell'origine orientale è lo Strzygowski, dell'origine romana il Wilpert). Noi — notiamolo subito — non possiamo accettare neppure l'impostazione di tale controversia. Dato il sincretismo ellenistico che aveva fuso le varie culture dell'Impero Romano, non può far meraviglia che Roma e l'Oriente si siano scambiati a vicenda religione e arte e costumi propri. Ond'è che noi incontriamo nell'Oriente vestigia di evidente origine romana, e viceversa. In tal maniera, l'una e l'altra soluzione, per il semplice fatto che contrasta con la realtà delle cose, risulta inconsistente. Se invece si vuole soltanto affermare che questo o quell'altro elemento dell'arte romana risenta piuttosto dello spirito orientale, quale sua sorgente, senza però dirlo un proprio importo orientale, e viceversa — allora la questione si pone giustamente, poichè è chiaro che in origine lo spirito orientale e quindi pure la sua espressione artistica è essenzialmente diverso da quello romano.

 L'antichità che, come abbiamo detto, viene continuata nell'arte paleocristiana, deve dunque intendersi per antichità ellenistica, risultante dalla fusione fra le due culture greco-romana e orientale. E siccome trattiamo dell'origine dell'arte paleocristiana, non farà meraviglia se nell'influsso orientale comprendiamo pure l'elemento giudaico. Dopochè nelle sinagoghe si sono scoperte quelle pitture che in un tempo passato si ritenevano semplicemente impossibili, ci pare ragionevole cercare in esse i prototipi di certe rappresentazioni tratte dall'Antico Testamento che ritornano nelle catacombe. Difatti, in molte di esse si rivela una continuità e maestria da fare supporre un modello già da lungo tempo sviluppato. Sebbene questi rapporti non si possano determinare fino agli ultimi dettagli, ne risulta ugualmente che l'arte paleocristiana, riguardo a contenuto e forma, era alquanto legata a quella giudaica.

Riassumendo dunque i rapporti essenziali fra arte cristiana e pagana, veniamo alla conclusione: riguardo alla forma, l'arte delle catacombe dipende da quella allora contemporanea, riguardo al contenuto invece appare sostanzialmente autonoma. Difatti, se prescindiamo dai motivi puramente decorativi, i cristiani non si valsero dell'arte contemporanea se non per pochissime scene, sostituendo fin dal principio al loro significato pagano il carattere di simboli e di allegorie cristiane. L'esempio più famoso sotto questo riguardo è la figura di Orfeo che viene sublimata a immagine di Cristo. Quale allegoria di tal genere appare pure la leggenda di Amore e Psiche. Altre scene invece si fanno interpreti di pensieri semplicemente umani, intendendosi spontaneamente in senso tanto pagano quanto cristiano, come per es. tutte le immagini che ricordano la vita beata dell'al di là. E talvolta resta anche incerto se non si tratti semplicemente di motivi di puro carattere decorativo.

Ma il contenuto essenziale della giovane arte cristiana si attinge alla Sacra Scrittura e alla fonte viva della tradizione. Sono i racconti dell'Antico Testamento e soprattutto la vita e i miracoli di Cristo nel Nuovo Testamento di cui ci parlano i marmi dei sarcofaghi e le pareti dipinte delle catacombe. Ecco la storia del profeta Giona, tante volte ripetuta in tutte le sue fasi: lo vediamo gettato nel mare, ingoiato e poi rigettato dal cetaceo marino, e infine sdraiato sotto la pergola. Inoltre vediamo raffigurati Susanna, calunniata dai due seniori e liberata da Daniele, Noè nell'arca, Daniele fra i leoni, Abramo in atto di sacrificare il figlio Isacco, Mosè che fa sorgere l'acqua dalla rupe: ecco le scene più frequenti, desunte dalla storia dell'Antico Testamento. Del Nuovo Testamento si preferiscono anzitutto la miracolosa moltiplicazione dei pani, la risurrezione di Lazzaro, l'adorazione dei magi, la guarigione del cieco, del paralitico e dell'emoroissa, le nozze di Cana, il battesimo di Gesù.

Oltre questi soggetti desunti dalla Sacra Scrittura, incontriamo delle scene suggerite dalla fede viva della Chiesa nascente, quali sono le rappresentazioni dell'Eucarestia, del battesimo, del matrimonio, della catechesi cristiana ed altre. A questo genere di soggetti appartengono anche due fra le più importanti e frequenti rappresentazioni dell'epoca primitiva, cioè il Buon Pastore e l'Orante, alle quali torneremo nel capitolo seguente. E' entrato nel ciclo di queste scene pure qualche soggetto ispirato dai così detti apocrifi. Molte altre rappresentazioni invece risultano ispirate dalla vita stessa, presentandoci i defunti nell'esercizio del loro mestiere, oppure mostrandoci i loro ritratti.

Ciò che, di solito, maggiormente desta la curiosità di chi visita le catacombe è di sapere quale sia l'età di quegli affreschi, sarcofaghi, ed epitaffi, e più di tutto quale di questi monumenti sia il più antico; sorge poi la brama di saperne i dati più precisi possibili circa l'origine. Desiderio comprensibile e giusto, ma spesso impossibile a soddisfare perchè capita tante volte nell'archeologia cristiana, che le opinioni degli scienziati risultano alquanto divergenti. Gli studiosi meno recenti, come per es. il De Rossi, il Marucchi, il Wilpert, credono di poter fissare l'origine dei monumenti più antichi nel tempo post-apostolico, cioè verso la fine del secolo I°. Gli archeologi moderni invece preferiscono di stabilire quale limite la prima metà del secolo II°. Queste divergenze danno ad intendere che la datazione delle parti e rappresentazioni più antiche delle catacombe non è affatto assoluta, quale sarebbe se si potesse basare su le datazioni concrete, trovate sul luogo della loro scoperta. Solo un confronto fra il tutto e le parti datate da iscrizioni può condurre a conclusioni più precise. Si perdoneranno dunque facilmente agli archeologi le divergenze di alcuni decenni.

Più di tutto è decisivo il confronto fra le pitture più antiche cimiteriali e quelle dell'arte pagana contemporanea. Se gli inizi fossero da cercarsi già nel secolo I°, lo stile delle pitture cimiteriali dovrebbe dimostrarsi conforme a quello del tardo stile pompeiano. Ma in realtà non è così. Il quarto stile pompeiano si distingue per il suo sistema architettonico, sovraccarico di decorazioni barocche. Di tale stile però nelle catacombe non v'è quasi traccia alcuna. Anzi, la decorazione si limita a pochissime linee in colore rosso e verde, disegnate su fondo bianco. Nella prima metà del secolo II° invece appare nelle pitture pagane lo stesso stile quale si trova nelle catacombe. E siccome non vi è nessun'altra ragione che costringa alla datazione anteriore, bisogna dare la preferenza a quella più recente. Su questa base allora non vi è nessuna difficoltà di costruire l'ulteriore sviluppo dell'arte paleocristiana.

Non c'è nessun motivo di restare delusi per questa rinunzia a un mezzo secolo. Queste rappresentazioni rievocano alla nostra mente i cristiani del secolo II°, facendo balzare viva la loro fede, temprata e vittoriosa attraverso le persecuzioni scatenate dagli imperatori romani; fede forte e profonda che non risulta affatto diversa dalle grandi verità cristiane che genitori ed insegnanti hanno trasmesso a noi, cristiani del secolo XX°: rivelazione storica, dunque, suggestiva ed atta a destare in noi la più profonda impressione.

Passiamo ora alla questione forse più disputata di tutti i problemi riguardanti l'arte delle catacombe, cioè quale sia il vero e proprio significato dei soggetti rappresentati su pitture e sarcofaghi. Non si tratta di rintracciare l'ultimo significato delle singole rappresentazioni in quanto tali, ma di cogliervi le idee centrali, che dominano tutta l'arte figurativa paleocristiana.

Secondo parecchi archeologi l'intero materiale figurativo sarebbe ispirato ad un'unica idea la quale poi ci servirebbe da chiave per interpretare lo speciale significato dei singoli monumenti. Secondo costoro l'arte paleocristiana sarebbe dunque un'arte essenzialmente simbolica, le cui varie rappresentazioni, quali per es. il Giona, il Daniele, il paralitico, il Lazzaro, non racchiuderebbero che un solo significato comune a tutte. Questo sarebbe secondo alcuni la risurrezione dei morti, secondo altri il trionfo sulla morte e così via. E' di importanza fondamentale per questa concezione che, quanto ci viene rappresentato, esprime una relazione simbolica riguardo al defunto. Citiamo il Wilpert nella sua opera sulle catacombe:

« Prescindendo dal numero delle rappresentazioni scelte, che è minimo, si ebbe unicamente di mira di usarle come ornamento sui sepolcri; nè si pensò a riprodurre in una grande composizione il fatto biblico come tale, con tutte le sue circostanze, poichè esso non era rappresentato per se stesso, ma soltanto per la sua relazione col defunto, del quale doveva adornare il sepolcro. In altre parole, poichè gli artisti non lavoravano mossi da idee storiche, ma da idee simboliche, così dovevano osservare appuntino certi riguardi determinati »[153].

---

[153] *Le pitture delle Catacombe romane*, Roma, 1903, p. 37.

Proprio quella tesi, rifiutata dal Wilpert, viene sostenuta e difesa da Paolo Styger nel suo libro sull'arte funeraria paleocristiana [154] : essa non è simbolica, ma storico-narrativa. Giustamente lo Styger potè far valere che nessuna delle proposte interpretazioni sommarie potesse perfettamente applicarsi ai monumenti esistenti. I difensori della interpretazione simbolica adducono quali argomenti in loro favore, delle antiche preghiere liturgiche, perchè in esse più di una scena delle catacombe viene adoperata in senso simbolico; la ragione, a prima vista, appare convincente, ma trova una netta smentita nella constatazione dello Styger che esse sono posteriori alle pitture funerarie, e che i vari cicli non si prestano a quell'interpretazione armonica. L'interpretazione storica dello Styger invece si basa sull'idea che l'immagine non vuole esser altro che un semplice racconto (storico), senza stare in rapporto col defunto. Le stesse rappresentazioni si presterebbero altrettanto bene per adornare una casa cristiana quanto le catacombe, anzi esse provengono addirittura dalle sale profane dei cristiani.

Il grande errore di questa teoria non è diverso da quello in cui cadono le altre, di rendere cioè troppo semplice l'interpretazione, intendendo in tutto il medesimo significato. Veramente, la cosa non è affatto tanto semplice come si potrebbe far credere, nè v'è un'unica prospettiva che permetta di raccogliere tutti i monumenti sotto un solo punto di vista. Pen-

---

[154] *Die altchristliche Grabeskunst. Ein Versuch der einheitlichen Auslegung,* München 1927.

siamo, come già facemmo più volte, a un cimitero moderno, poichè in fin dei conti, le catacombe non sono altro che dei cimiteri.

Girando, diciamo così, per il Campo Verano di Roma, vediamo sui monumenti sepolcrali rappresentazioni di ogni sorta. Su di una tomba ecco eretto un crocefisso, su di un'altra l'angelo della risurrezione ovvero un'angelo che sparge delle rose, su di una terza Cristo risorto, oppure qualche rappresentazione della morte, su di un'altra ancora il ritratto del defunto oppure dei parenti. Su di altre tombe poi vediamo un'immagine di Cristo o della Madonna, spesso soltanto una croce nuda, un cippo, un'architettura decorativa oppure un semplice epitaffio. Sarebbe impossibile rintracciare in tutti quei monumenti una unica idea dominante. Ecco espressioni della morte, del dolore per la separazione, della fede nella risurrezione, ma ecco pure un'immagine religiosa la quale, benchè accenni alla fede cristiana, pure non esprime alcuna relazione con la morte.

Considerando ora le rappresentazioni delle catacombe, sarà facile constatare che qui la situazione è più o meno la stessa. Vi incontriamo soltanto una fede più viva e più intensa che non nei cimiteri moderni, e vi osserviamo che la morte vi appare meno fastosa. Ma anche nelle catacombe spesso ci imbattiamo in tombe senza alcuna importanza religiosa, e talvolta pure di linguaggio meramente profano. Fra le rappresentazioni religiose ve ne sono alcune che indicano dei rapporti evidenti con la morte e con la risurrezione, come per es. la risurrezione di Lazzaro, altre invece, come per es. l'adorazione dei magi, l'annunciazione della Madonna, non si prestano affatto a tale interpretazione. Di altre ancora, come per es. il Buon Pastore, è evidente il carattere simbolico.

Riassumendo dunque la nostra opinione, concludiamo di non poter aderire a nessuna delle suddette teorie, perchè contrastanti con la realtà delle cose e con la loro ovvia spiegazione. Non è tutto simbolico nè storico, ma vi è un po' dell'uno e dell'altro. Gli stessi simboli non si riducono a una concezione sola ma sono espressioni di idee varie e distinte. Con ciò però non si vuole negare che queste varie concezioni simboliche siano da interpretarsi secondo il carattere del luogo dove si trovano.

Ma forse ci si obietterà che un tale confronto fra catacombe e cimiteri moderni non regge, non essendo lecito giudicare e interpretare quei monumenti, appartenenti ad una storia ben lontana, secondo concezioni e sentimenti moderni. Non lo neghiamo. Sarebbe veramente un grosso sbaglio proiettare le nostre idee moderne sullo sfondo antico di certi soggetti oramai estranei alla nostra vita. E perciò questo confronto non vuol essere inteso quale argomento ma solo quale semplice paragone e niente più; nè tocca i particolari, ma solo ci ricorda che vi sono sentimenti e concezioni puramente umane e perciò comuni e invariabili in tutti i tempi.

Questi pochi accenni mostrano che l'interpretazione dell'arte paleocristiana non è affatto tanto semplice e ovvia quanto potrebbe a prima vista sembrare.

Come spiegare altrimenti le discussioni tanto appassionate dei nostri scienziati? Non sarà perciò fuori posto toccare brevemente i metodi scientifici che fanno maturare i nostri risultati archeologici.

Condizione fondamentale perchè un tal lavoro possa dare frutto è di disporre di pubblicazioni curate con la maggior possibile esattezza e perfezione, le quali permettono lo studio anche fuori delle catacombe e si prestino a confronti su larga scala. Le pubblicazioni anteriori sulle catacombe hanno per noi il valore speciale di riprodurre molte immagini che nel frattempo sono andate distrutte o perdute. Delle opere più recenti, due hanno il merito speciale di presentarci delle raccolte integre e complete quanto è possibile: la prima è la « Storia dell'arte cristiana » di Raffaele Garucci d. C. d. G. [155] che costituisce un vero « corpus » dell'arte paleocristiana, avendo raccolto tutto quanto a suo tempo si conosceva di monumenti paleocristiani quali sono i mosaici, affreschi catacombali, sarcofaghi, statue, fondi d'oro, lavori in metallo, sculture in legno e avorio, miniature e monete. Quanto al suo insieme, quest'opera fino ad oggi non è stata superata. Ma siccome non si adoperavano nè colori nè fotografie, la tecnica della riproduzione per le nostre esigenze moderne lascia molto a desiderare. Il grande merito di aver rimediato splendidamente a questa deficienza compete a Giuseppe Wilpert il quale, dopo lunghi ed esatti studi, nelle sue opere costose e monumentali, ha pubblicato gli affreschi esistenti nelle ca-

---

[155] Prato, 1873-1881, 6 voll.

tacombe romane, le pitture e i mosaici della Roma antica, e tutti i sarcofaghi dell'antichità cristiana [156].

La ripresa degli affreschi nelle catacombe presentava difficoltà enormi. Non solo le fotografie dovevano farsi a luce artificiale, ma i luoghi stessi risultavano quanto mai incomodi, specie quando si trattava di pitture dipinte sulla parete interna di un'arcosolio alto appena un metro. Sotto la sorveglianza dello stesso Wilpert, un pittore applicò i colori sulle fotografie ingrandite.

Riguardo a difficoltà di altro genere ci racconta il Wilpert stesso nelle sue memorie:

« Alla fine non mi mancavano che le importanti pitture di una camera e di un arcosolio nella catacomba di Pretestato che si stende sotto una vigna la quale in quei tempi era proprietà dell'avvocato N. Questi ora, proprio a causa della catacomba, stava già da anni processando colla commissione. Alla fine dovette darsi vinto: il tribunale aggiudicò le catacombe, dato il loro carattere di centri religiosi, alla commissione rappresentante gli interessi della Chiesa. ' La catacomba è vostra, disse allora l'avvocato al De Rossi, ma la vigna è mia; e finchè sono in vita io, nessuno potrà entrare nelle catacombe '. E mantenne la parola; il primo che scacciò dalla vigna fu lo stesso De Rossi.

Intanto erano passati più di 20 anni. ' L'avvo-

---

[156] Die Malereien der Katakomben Roms 2 Bände 1903; Die römischen Mosaiken und Malereien der kirchlichen Bauten vom 4. bis 13. Jahrhundert. 4 Bände, Freiburg 1917; I sarcofaghi cristiani antichi, 5 voll., Roma 1927.

cato si sarà calmato, pensai e, munito di una lettera commendatizia di un suo amico, mi recai da lui per ottenere il permesso di entrare nelle catacombe. Ma fu un fiasco solenne. Appena ebbi pronunciato la parola ' catacomba ' l'avvocato scattò su furibondo. Mi accorsi subito che era inutile qualsiasi domanda. E senza aver ottenuto nulla ritornai a casa.

Però come io mi era ingannato riguardo all'avvocato, così viceversa l'avvocato riguardo a me. Io non potei portare a termine la mia opera senza aver copiato le pitture che si trovavano nella sua vigna. Quindi non mi rimase che una via sola: dovetti procurarmi un accesso sotterraneo. E questo si è infatti attuato coll'aiuto di tre coraggiosi giovani studenti di teologia, senza che alcuno ne avesse avuto idea. Per fortuna la catacomba di Pretestato ha due accessi: l'una sotto la vigna dell'avvocato, e l'altro sotto un fondo vicino, separato da una bassa siepe, che era di proprietà del principe Torlonia. Attraverso quest'ultimo passaggio sotterraneo si poteva spingersi un bel tratto sotto la vigna dell'avvocato fin dove il passaggio era ostruito da una frana per una lunghezza di 10 metri. Questo tratto dovette quindi venire riaperto. Gli studenti si fornirono di pale e di picconi ... Quattro settimane più tardi il lavoro era terminato; era martedì dopo Pasqua quando io feci il mio ingresso solenne nella parte riconquistata della catacomba, vuol dire che avanzai carponi attraverso il pertugio di larghezza sufficiente per il passaggio di un uomo non troppo corpulento. Attraverso quel pertugio dovettero passare pure il pittore e il fotografo con la macchina. Gli affreschi si copiarono subito, s'intende. A me personalmente questa riuscita portò la nomina di membro della commissione degli scavi »[157].

Questa relazione del Wilpert dà qualche idea di quanta fatica e tenacia a tutta prova sia necessaria per una simile opera. Eppure qui si tratta dell'opera sotto l'aspetto materiale. Più difficile e snervante è il lavoro strettamente intellettuale. Ecco per es. l'archeologo davanti a un'immagine pressappoco svanita e rintracciabile solo in debolissimi contorni, oppure conservata solo in un frammento. Quante volte ciò si verifica rispetto alle pitture catacombali ed ai sarcofaghi! E' allora che sorge l'imbarazzo per l'archeologo. Bisogna dunque provare tutti i mezzi possibili. Forse riuscirà, attraverso confronti con altri monumenti già noti, a scoprire analogie che permettano di identificare il soggetto rappresentato, o, se no, di ridurre a poco a poco le diverse interpretazioni. Talvolta invece basta un piccolo frammento per concluderne con certezza il soggetto preciso. Così, la stella è quasi sempre segno sicuro dell'adorazione dei magi; i piedi di uccelli a grandezza umana indicano le sirene e richiamano Ulisse legato all'albero maestro, il quale, nel linguaggio dei sarcofaghi paleocristiani, è figura del cristiano che, sulla navicella della Chiesa legato all'albero della croce, trionfa sulle false dottrine degli eretici o sulle tentazioni diaboliche del mondo. Un gallo tradisce quasi sempre l'annun-

---

[157] WILPERT, *Erlebnisse und Ergebnisse im Dienste der christlichen Archaeologie*, Freiburg 1930, p. 39 ss.

cio della negazione di Pietro, un leone Daniele racchiuso nella fossa dei leoni, un cesto con pane la miracolosa moltiplicazione. Certo, questi sono casi felici che non fanno alcuna difficoltà a chi si è reso alquanto famigliare con l'arte paleocristiana.

Non sempre però i frammenti di un sarcofago o i resti di un affresco cimiteriale ci offrono proprio delle parti caratteristiche. Il più delle volte si trovano forse alcuni piedi oppure un pezzo di una figura vestita o qualche altro avanzo meschino che rivela poco o nulla. In tal caso, s'intende, spesso ogni sforzo di rintracciare il soggetto risulta vano, e un tentativo di interpretarlo e ricostruirlo sarebbe piuttosto un brutto scherzo che un serio lavoro scientifico. Fra i due estremi ci restano però tanti altri monumenti, e allora occorrono un'ampia scienza, vasta esperienza e molta pazienza. Queste qualità prese insieme riescono a condurre l'archeologo a scoperte stupende.

Con ciò le difficoltà dell'archeologo non sono affatto terminate. Supponiamo che egli sia riuscito ad accertare il soggetto materiale, per es. che si tratti di una certa scena, a lui nota dalla Sacra Scrittura. Gli resta ancora di indagare se la scena non significhi più di quello che la rappresentazione a prima vista fa credere, avendo il carattere di simbolo. Eccoci di nuovo di fronte alle controversie sopra menzionate sul vero e proprio senso dell'arte paleocristiana. Abbiamo concluso che il senso non è uno solo e comune per tutte le rappresentazioni, ma che deve essere determinato volta per volta. Ecco ora l'archeologo dinanzi a una scena che bisogna esaminare allo scopo di precisare se sia un simbolo, e quale. E' facile comprendere che tale esame richiede studi vastissimi ed indagini minuziose. Purtroppo, tali studi particolari finora sono stati fatti soltanto in un limite assai ristretto. Spesso bisogna constatare che in molti casi la chiave per svelarcene il segreto è andata per noi perduta. Molto di rado gli artisti stessi ci hanno dato in mano questa chiave. Tuttavia ciò si è verificato ad es. nei riguardi dell'interessante immagine nell'arcosolio eretto sulla tomba di una certa Celerina nelle catacombe di Pretestato: vi vediamo una pecora in mezzo a due lupi; sopra la pecora sta scritto ' SUSANNA ' e sopra uno dei lupi ' SENIORIS ': i tre animali rappresentano dunque Susanna con i due seniori che prima tentarono di sedurla e poi la accusarono.

Negli altri casi non ci resta altro che cercare negli scritti dei Padri, specie nelle loro omelie, come gli uomini di quel tempo abbiano inteso certe rappresentazioni e quale senso simbolico abbiano loro attribuito. Non basta, s'intende, trovare uno o due testi, ma ci vogliono prove chiare e solide che si tratti di un simbolismo conosciuto dal popolo. In tal guisa si è esaminata la rappresentazione del grande grappolo portato dagli esploratori della Terra Promessa su una pertica, e si è potuto concludere con certezza, che il grappolo sulla pertica è simbolo di Cristo in croce, e i due esploratori sono figure della Chiesa e della Sinagoga. Tali risultati destano il vivo desiderio che ben presto si riesca a rintracciare di molte rappresentazioni paleocristiane il significato originale che tuttora ci sfugge. Così noi verremmo a conoscere meglio quanto, nei primi tre secoli, sia stata luminosa e ricca di concetti la vita dei cristiani permeati da una fede profondamente sentita.

Perchè il mistero delle catacombe e della loro arte semplice e schietta ci si riveli completamente, è indispensabile di far un po' di conoscenza con quegli uomini che hanno scavato le catacombe e adornato le loro pareti e le loro tombe. Diamo dunque un'occhiata all'ambiente che dettava le condizioni della loro vita. Questo lavoro incombeva ai così detti « fossori », uomini che gli antichi cristiani non potevano concepire separati dalle catacombe, tanto che talvolta essi facevano dipingere sulle proprie camere sepolcrali un fossore in atto di lavorare con il piccone. Altri ritratti invece appartengono a tombe degli stessi fossori, e rappresentano — secondo l'usanza del secolo IV° — il defunto nell'esercizio del suo mestiere. Uno dei più famosi ritratti di tal genere è quello del fossore Diogene nel cimitero di Domitilla. L'affresco copre la parete di fondo di un arcosolio purtroppo distrutto. Vi vediamo Diogene dinanzi a un gruppo di edifici, rappresentato in mezzo ai suoi arnesi di lavoro: zappa, scalpelli, martello, e lampada. La figura di Diogene è rovinata, ma se n'è fatta una copia quando era ancora ben visibile. In altre pitture fossori sono dipinti all'entrata delle camere sepolcrali oppure mentre compiono il loro lavoro faticoso alla luce di una piccola lampada.

I fossori facevano parte del clero minore ed

erano assegnati ad un determinato cimitero. Oltre il loro compito principale di scavare nel tufo le gallerie e le tombe e di conservarle, in un tempo posteriore ebbero assegnato anche l'ufficio dell'ostiario, ossia sagrestano nelle basiliche cimiteriali. Essendo loro affidato l'intero complesso sotterraneo, i fossori o almeno i loro maestri, dovevano applicare certe conoscenze tecniche. Il fatto che Diogene poteva permettersi il lusso di una tomba ad arcosolio attesta una certa agiatezza. I fossori dovevano inoltre concludere i contratti con i fedeli o le famiglie e prendere in consegna il denaro. Lo attestano molte iscrizioni [158], come per es. quella della Catacomba di Commodilla dell'anno 380: « Io, Flavio Vittore, essendo ancora vivo, ho comprato insieme con mia moglie una tomba dal fossore (nome illegibile) »; un'altra proveniente da quella di Ciriaca e che risale al 400 dice: « Soteris da viva ha comprato per sè e suo marito Vernacolo (questa tomba) dal fossore Celerino ». « Costanzo e Susanna ancora vivi si sono comprati una tomba in presenza di tutti i fossori ». Su un epitaffio del 426 [159] si legge pure il prezzo: 1½ Solidus in oro. Non sappiamo se tutte le tombe costassero tanto. Si intende che i fossori non vendevano le tombe a proprio vantaggio, ma in nome dell'amministrazione cimiteriale che dal canto suo sottostava al Presbitero di una chiesa urbana. Così per es. il cimitero di Domitilla dipendeva dal « titulus Fasciolae » (oggi Ss. Nereo e Achilleo).

---

[158] DIEHL, 3754-62.
[159] DE ROSSI, 653.

Anche oggi si è formata per le catacombe romane una classe di operai che si chiamano fossori e vi compiono gli scavi. Oggi però non si tratta più di costruire nuove gallerie e tombe, ma di sgombrare quanto, quindici secoli fa, laggiù fu scavato e costruito dagli antichi « fossores ». S'intende che questi sono lavori di grande importanza scientifica. I fossori di oggi sono in gran parte eredi di una tradizione sviluppata e tramandata per più generazioni. Così per es. lavora nelle catacombe un discendente di quel Zinobili il quale, 100 anni fa, insieme col P. Marchi, allora ispettore delle catacombe, scoprì la tomba del martire Giacinto.

Tra i fossori antichi vi erano anche pittori e scultori. Ma non dobbiamo immaginarli quali grandi artisti. Erano per lo più semplici artigiani le cui opere di rado superano la mediocrità e spesso neanche la raggiungono. Tuttavia non bisogna esagerare. Anche tra gli affreschi cimiteriali e i rilievi dei sarcofaghi vi sono rappresentazioni di grande bellezza formale e di un'espressione di stupenda vivezza. Ma nell'insieme queste opere d'arte sono piuttosto eccezioni. Non è neanche da escludersi che talvolta una famiglia ricca abbia voluto affidare l'incarico a un artista di speciale rinomanza.

Rispetto agli scultori bisognerà ancora più nettamente distinguere tra quelli che appartenevano al numero dei fossori e fabbricavano le semplici lastre che servivano da coperchi per i sarcofaghi, incidendovi le iscrizioni e i piccoli simboli, e quegli altri che mantenevano proprie botteghe dove si costruivano interi sarcofaghi. Quelle botteghe le dobbiamo cercare — come anche oggi — sulle grandi vie che conducevano ai cimiteri. Se noi oggi ci rechiamo per es. al Campo Verano, — più ci avviciniamo al cimitero — troviamo lungo la strada delle botteghe che espongono in vendita pietre sepolcrali ed eseguiscono le relative ordinazioni. In modo analogo dobbiamo immaginarci le botteghe della Roma antica: sulla via Salaria, sulla Via Appia e sulle altre strade che conducevano ai grandi centri cimiteriali. Non di rado si trovano sarcofaghi sui quali le sembianze del defunto sono accennate solo in vaghi contorni. Il ritratto è rimasto incompiuto: esso è rimasto proprio come il compratore lo ha trovato nella bottega. Per sè doveva esser rifinito secondo le indicazioni del compratore, perchè proprio per questo era stato vagamente formato. L'affinità fra i vari sarcofaghi, rinvenuti in una determinata zona, ci fa concludere che nelle vicinanze vi era una bottega che eseguiva tutti questi lavori. Più o meno lo stesso vale per le pitture delle catacombe, dove con frequenza evidente si ripete il medesimo tipo nella medesima catacomba.

Nella catacomba di Callisto si è scoperta un'iscrizione sulla quale si vedono incisi vari strumenti di lavoro: due pennelli, un compasso e uno stilo appuntato, strumenti che ci manifestano chiaramente quale sia stato il mestiere del defunto. Era un giovane pittore di nome Felice, morto a 23 anni. Dalla catacomba di Pietro e Marcellino proviene una lastra sepolcrale sulla quale si vede rappresentato uno scultore al lavoro. Il figlio, secondo l'iscrizione, ha scolpito una lastra a suo padre « il santo e pio Eutropos », rappresentandolo nel suo mestiere, seduto su una alta seggiola e lavorando su un sarcofago posato su due appoggi. E' una vasca strigilata con due teste di leoni. Un garzone, probabilmente il figlio stesso, lo aiuta nel lavoro. A destra sta un sarcofago bell'e pronto e sopra vi è scritto « Eotropos ». Alla parte sinistra si vede ancora una volta un grande ritratto di Eutropos, ora però col tipico gesto delle mani alzate e tenendo nella sinistra un bicchiere, simbolo della beatitudine.

Per quanto nella Roma antica fiorisse il culto dell'arte, pittori e scultori, essendo artigiani, non godevano grande stima ed erano pagati male. Ond'è che esercitavano quest'arte solo gli schiavi e i liberti. Tuttavia i pittori erano stimati un po' più degli scultori e anche un po' meglio pagati. Gli scultori stavano allo stesso livello sociale dei mosaicisti, ma sempre al disopra dei « fabbri ferrai » e dei « facocchi ». Solo l'imperatore Costantino cercò per mezzo di privilegi speciali di alzare alquanto il livello della professione degli artisti [160].

Del resto non è affatto provato che tutte le pitture, le plastiche e le opere dell'arte industriale quali sono le lampade in terracotta, i fondi d'oro etc. che mostrano dei motivi artistici, siano state eseguite sempre da artisti cristiani. Per il primo periodo, bisogna metterlo addirittura in dubbio. E da dove po-

---

[160] WILPERT, *Sarcofaghi*, vol. II, Introduzione generale, p. 2 ss.

tevano provenire in un tempo così breve tanti artisti ed artigiani cristiani? E' piuttosto da supporsi che spesso erano le solite botteghe pagane che eseguivano le ordinazioni cristiane secondo le indicazioni dei loro clienti. D'altra parte, gli artisti cristiani si trovavano assai spesso nella situazione opposta di dover lavorare per clienti pagani. Finchè si trattava di motivi indifferenti quali erano ritratti di defunti, qualche ornamento, oppure di putti e scene pastorali, non vi era nessuna difficoltà, s'intende. Ma se invece i clienti ordinavano rappresentazioni di carattere religioso nettamente pagano, allora la coscienza degli artisti cristiani si trovò in un dilemma. E' perciò facile capire che nei primi tempi si riteneva pericoloso che un cristiano esercitasse tal mestiere e di conseguenza si consigliò piuttosto di abbandonarlo. Si comprende bene che un tal mestiere dispiacesse a un rigorista quale era Tertulliano. Ma col crescere delle comunità cristiane anche queste difficoltà persero di importanza e col tempo svanirono del tutto.

Ci resta in fine un'altra questione molto interessante. Cioè come i primi artisti, sia cristiani sia pagani, abbiano saputo ideare in così breve tempo una espressione artistica che fosse consona a un contenuto del tutto nuovo quale erano i misteri e simboli cristiani. Difficoltà che è tanto più reale quanto nelle catacombe per lo più si tratta, come già abbiamo visto, non di creazioni geniali ma di lavori eseguiti da artigiani più o meno bravi. E' chiaro che questi, gente rude e semplice, dovevano essere ispirati da altri che nei misteri cristiani erano più periti. Perciò non sarà sbagliato supporre quale ispiratore, almeno per le opere piuttosto complicate, un chierico. Difatti la collaborazione fra chierici e artisti si manifesta ancora nel Medioevo.

Ma anche supposta una tale ispirazione, resta tuttora aperta la questione come si sia riusciti a dare alle idee ispirate l'adeguata forma artistica. Si può constatare che per lo più si preferivano i contenuti che facilmente si prestavano alle rappresentazioni, mentre quelli complicati si cercava di ridurli a un minimo di espressione, indicando la scena nella maniera più semplice. Ecco un uomo in mezzo a due leoni — è Daniele racchiuso nella fossa dei leoni; un uomo che con un bastone tocca dei cesti — è la miracolosa moltiplicazione dei pani; un uomo che porta sulle spalle un qualcosa di rettangolare — è la guarigione del paralitico; un uomo dentro una cassa — è Noè nell'arca. Risulta dunque chiaramente che le scene furono semplificate fino ad un accenno sommario del soggetto in questione. Di questo, s'intende, era capace pure un semplice artigiano.

Con tutto ciò ci resta ancora una serie di rappresentazioni complicate quali sono per es. il ciclo di Giona e l'adorazione dei magi. Allora gli artisti si avvalevano di modelli antichi che prestavano forme analoghe e potevano adattarsi con pochi cambiamenti. A poco a poco in tal guisa si acquistò un certo tesoro di tipi che solo lentamente andò arricchendosi per divenire col tempo patrimonio comune degli artisti paleocristiani.

XII

IL CREDO DELLE CATACOMBE

Il Credo delle catacombe è l'identico Credo di oggi. Nessuno, per quanto poco istruito nella sua fede, ne dubiterà. Però per persuadersi più profondamente di questo fatto, occorre visitare le catacombe e far parlare gli affreschi e i sarcofaghi. Solo allora si vivrà intimamente quest'identità tra il Credo delle catacombe e il Credo di oggi. Impressione indimenticabile per tutta la vita.

Contempliamo dunque i monumenti contenenti il Credo figurativo dei primi cristiani, scegliendone alcuni fra i più rappresentativi. Tuttavia, diciamolo subito, con ciò non intendiamo « provare » una tesi. Perchè per provare l'antichità e la continuità della fede cristiana non occorrono nè gli affreschi delle catacombe, nè i sarcofaghi, nè qualunque altro monumento antico. Tale prova si basa su fonti di ben altra natura, più ricche e più convincenti. Ma allora che cosa ci attrae tanto in questi monumenti? E' forse il contatto immediato con la fede e la mentalità dei primi cristiani? Certamente, perchè nessun'altra cosa ce lo comunica così fresco e vivo come le immagini antiche delle catacombe. Sebbene spesso sbiadite dall'età e danneggiate dalle ingiurie del tempo, queste rimarranno sempre testimoni immediati, nei quali dinanzi al nostro spirito risorge tutta l'antichità cristiana, più viva che non da tanti libri, riferenti solo testimonianze altrui.

La figura classica delle catacombe e di tutta l'arte paleocristiana è il Buon Pastore. Bastano pochi passi nelle catacombe per incontrarne l'immagine. E' la più frequente di qualunque altra rappresentazione. Secondo lo Styger, il Buon Pastore è raffigurato in non meno di 120 pitture e 150 sculture [161], assai spesso collocato al centro di una decorazione o nella lunetta di un arcosolio. Il Buon Pastore viene quasi sempre rappresentato con la pecora sulle spalle, talvolta soltanto in mezzo al suo gregge. Per noi il pastore con la pecora sulle spalle è soprattutto il simbolo di colui che ha cura delle anime, del Signore, che va cercando i peccatori e che perdona loro, come ci si presenta Gesù stesso in S. Luca (15, 1-7). Ma ai primi cristiani la figura del Buon Pastore diceva ancora molto di più del semplice racconto della parabola del Signore. Essi pensavano certo alla parabola, ma vi associavano, come sappiamo dagli scritti dei Padri, molti altri concetti teologici profondi, ormai estranei a noi [162].

Il Signore come Pastore è il Maestro, che indica ai fedeli il vero pascolo. Di più egli è il grande Re, che domina i popoli. L'ufficio di pastore come

---

[161] STYGER, *Grabeskunst*, p. 7.
[162] TH. K. KEMPF, *Christus der Hirt. Ursprung und Deutung einer altchristlichen Symbolgestalt*. Rom, 1942.

simbolo della potestà reale è molto familiare nell'antichità classica. Già Omero ci rappresenta Agamennone quale « Pastore dei popoli ». Con assai maggiore diritto Iddio nel Vecchio Testamento è nominato « Pastore dei popoli ». Così anche nella figura del pastore che porta la pecora sulle spalle, si voleva rappresentare il Cristo anche come Dio, come l'eterno Logos e non soltanto nella sua apparenza storica. Quindi la pecora portata dal pastore sulle spalle non è un peccatore determinato, sebbene sarebbe ovvio vedere ricordato in lui il defunto sulla cui tomba si trova la rappresentazione. Esso raffigura piuttosto la natura umana, assunta dal Verbo Divino, nella quale sono compresi tutti gli uomini. Per capire meglio il significato profondo di quest'immagine bisogna tenere ben presente un'immaginazione familiare agli antichi. Secondo loro l'anima, separata dal corpo, sulla via del cielo, doveva affrontare i demoni, che abitavano gli spazi aerei. Il divino pastore, portando l'umanità sulle sue spalle, l'ha salvata con la sua morte e l'ha riportata attraverso tutti i pericoli alla casa del Padre. Questa idea diventa ancora più chiara nella figura di una lampada in terracotta. Qui il Buon Pastore è circondato da sette stelle, o pianeti, le cui sfere erano considerate come la grande zona di pericolo per le anime. Di là dalle stelle nell'etere radioso era il cielo. Così si capisce quanta consolazione doveva recare ai primi cristiani, specie in vista alla morte, la figura del Buon Pastore, simbolo di tante verità confortanti della loro fede.

Ci meraviglieremo forse che pensieri di tanta

profondità teologica siano stati così familiari a questi uomini. Ma non dimentichiamo che le omelie e gli scritti dei loro sacerdoti ne erano pieni. I primi cristiani erano abituati a considerarsi non tanto come anime isolate, ma piuttosto come membri della Chiesa e dell'umanità redenta. Così il dotto Gregorio Nisseno rispecchia fedelmente il pensiero del popolo cristiano di allora, mettendo nel commentario al Cantico sulle labbra della sposa le parole seguenti: « Dove pascoli, o buon pastore, tu che porti sulle tue spalle il gregge intero? Poichè un'unica pecorella è tutta la natura umana che hai presa sulle tue spalle. Mostrami la terra sempre verdeggiante, fammi trovare la fonte di ristoro, portami via al tuo pascolo delizioso e chiamami col mio nome, per poter sentire la tua voce, essendo io la tua pecorella. E col richiamo della tua voce dammi poi la vita eterna » [163].

Un'altra figura simbolica, frequentemente usata, è il pesce. Secondo la celebre interpretazione di S. Agostino [164], la parola pesce viene usata per Cristo, poichè le sue lettere in greco (ΙΧΘΥΣ) sono le iniziali di: Gesù Cristo Figlio di Dio Salvatore. L'origine del simbolo non è da ricercarsi nell'immagine del pesce, bensì nella parola « pesce » in greco. Così noi lo troviamo su una delle più antiche lapidi cristiane, che risale senza dubbio al secolo II, nella combinazione con ΙΧΘΥΣ ΖΩΝΤΩΝ pesce dei viventi, pesce vivificante. Ma l'allegoria venne poi allargata. Cristo è il pesce, i fedeli sono i suoi pescio-

---

[163] GREG. NYSS., *Hom.* 2, MG 44, 801.
[164] *De Civ. Dei*, 18, 23.

lini. Elemento indispensabile per loro è quindi l'acqua, cioè l'acqua battesimale, che non dev'essere mai abbandonata [165]. Ambrogio spiega quest'immagine in un altro senso. Gli uomini sono pesci, che vengono pescati dal pescatore Pietro. Il suo amo però non uccide, ma santifica [166]. Questo pensiero di raffigurare Pietro quale pescatore di uomini, si trova, secondo il Wilpert, su parecchi sarcofaghi. Sul celebre sarcofago di La Gayolle, appartenente all'inizio del terzo secolo, sulla parte sinistra del rilievo frontale, un pescatore barbato sta proprio per tirare fuori dall'acqua un pesce coll'amo. Alla sua destra sta un Orante [167].

Il Buon Pastore e il Pesce sono due figure simboliche di Cristo. Ma accanto ad esse troviamo spesso il Cristo realisticamente rappresentato anche come taumaturgo. Con ciò non vogliamo escludere un ulteriore nesso simbolico dietro questi fatti miracolosi. Essi infatti, mostrando in Lui la volontà e potenza di Salvatore, si possono considerare come variazioni sul « Leitmotiv » del Buon Pastore. Esprimono pure la stessa volontà salvifica di Dio alcune figure del Vecchio Testamento come Giona, Daniele, Abramo, Noè, e i tre fanciulli di Babilonia. Tutte queste scene ci parlano della confidenza dei defunti e dei parenti nell'aiuto di Dio nell'ora grave e decisiva della morte.

---

[165] TERT., de Bapt. c. 1, sed pisciculi secundum ἰχθύν nostrum Jesum Christum, in qua aqua nascimur nec aliter quam in aqua permanendo salvi sumus.
[166] AMBR., *in Hex.* V, 6, 7.
[167] WILPERT, *Sarcofaghi*, I, p. 156.

Tutte queste ed altre figure e scene tratte dalla S. Scrittura testimoniano eloquentemente quanto essa fosse famigliare e ricercata a quei tempi. Se scendiamo nella cosiddetta cappella Greca nel Cimitero di Priscilla contempleremo la risurrezione di Lazzaro. Questo affresco, che nonostante i colori già sbiaditi, spicca tuttora fortemente dallo sfondo rosso, risale verso il 150 dopo Cristo, cioè appena 50-60 anni dopo la stesura del Vangelo di Giovanni, l'unico che racconta questo miracolo.

Forse non possiamo avere un contatto più stretto con la predicazione della Chiesa. Essa si riferiva e basava costantemente alla S. Scrittura. Non per nulla troviamo così diffuse nell'arte paleocristiana le scene di Cristo dottore e dell'istruzione catechetica. Ecco Cristo in atto di insegnare, circondato dagli Apostoli, oppure un dottore seduto su una sedia, tenendo in mano un rotolo di fronte ad uno scolaro. E' evidente che qui si tratta di un'istruzione catechetica e non di un ricordo dell'insegnamento profano, ricevuto da bambino. Quest'ultima scena non sarebbe stata degna di una rappresentazione. Ecco dunque le due fonti da cui gli antichi cristiani attinsero la loro profonda scienza religiosa: la S. Scrittura e la Tradizione orale.

Singolare è l'atteggiamento dell'arte paleocristiana dinanzi alla Passione del Signore. Quì essa mostra la più grande riservatezza e non osa manifestarsi apertamente. Soltanto molto più tardi, al principio del secolo V, noi troviamo una chiara rappresentazione nella crocifissione sulla porta di legno

della chiesa di S. Sabina a Roma. La sola croce era
già in uso molto prima, ma non la crocifissione. La
Passione del Signore si rappresentava soltanto simbolicamente o in modo trasfigurato. Una tale rappresentazione simbolica ci appare nell'immagine del
grande grappolo di uva, che i due esploratori portano pendente da un bastone. Una rappresentazione
trasfigurata invece è la cosiddetta croce gemmata,
una croce senza corpo, ma riccamente ornata di gemme. Anche queste rappresentazioni della croce sono
di età tarda. Nella catacomba di Pretestato troviamo
un'immagine molto antica, che potrebbe rappresentare una velata coronazione di spine. Un uomo tiene
in mano una canna, con cui tocca la testa di un altro
uomo, circondata di foglie e rami. Per quanto noi conosciamo la tradizione artistica dell'antichità cristiana, questa scena può essere interpretata soltanto quale una velata coronazione di spine. La troviamo anche su sarcofaghi, come per es. sul così detto « sarcofago della passione » del Laterano ove un soldato
tiene sopra il capo di Cristo una corona di alloro.
Sullo stesso sarcofago è rappresentata anche la via
del calvario e Cristo dinanzi a Pilato, togliendo così
ogni dubbio sull'interpretazione della coronazione di
spine. Sulla via al calvario vediamo soltanto Simone
di Cirene che porta la croce. Il Cristo non c'è. Sopra
questa immagine e sopra la scena di Pilato vi è una
conchiglia, in mezzo alla quale una testa di aquila
tiene sospesa una corona. Nel centro del sarcofago
spicca la croce simbolica della risurrezione, sormontata dal monogramma di Cristo in una corona d'al-

loro, mentre sui bracci posano due colombe ed ai piedi dormono le guardie della tomba. Così la passione del Signore appare trasfigurata dalla risurrezione e la sua via dolorosa si trasforma in un trionfale corteo di vittoria. Che la passione si rappresentasse velatamente, si deve in parte ad un prudente riguardo agli ebrei e ai pagani, poichè la croce per gli ebrei era uno scandalo e per i pagani una stoltezza. Basta pensare al celebre crocifisso di ludibrio sul Palatino. D'altra parte vi si rivela lo spirito genuino dei primi cristiani. Essi vedevano tutto nella luce delle grandi verità. Mentre il medioevo, animato da San Bernardo e San Francesco, concentrava il suo sguardo con predilezione sui misteri della vita umana di Gesù, anzitutto della infanzia e della passione, gli antichi cristiani si approfondivano piuttosto nei misteri divini del Signore.

Una delle figure più frequenti e più disputate è l'Orante. Essa è una persona maschile o femminile con le mani elevate al cielo — tipico gesto di preghiera degli antichi. L'Orante appare già tra i primi monumenti dell'arte paleocristiana. Per poterla meglio comprendere occorre tener presente che col tempo essa mutò significato. Appunto per non avere tenuto conto di questo fatto, parecchie delle spiegazioni tentate non sono conformi a verità. Senza dubbio, la figura dell'Orante si riferisce per lo più ai defunti, che talvolta il nome aggiunto o qualche altro segno caratteristico permettono di identificare. Si disputa però sul significato del suo atteggiamento di preghiera. Chi lo spiega quale preghiera offerta dai defunti per i superstiti, chi quale gesto di adorazione dei defunti, chi quale espressione di giubilo delle anime beate. A noi sembra inutile disputare su cose che non conosciamo affatto e che forse non conosceremo mai. Perchè escludere che il significato talvolta cambi, oppure che i cristiani in questo atteggiamento di preghiera abbiano simboleggiato una delle loro più significative concezioni dell'altra vita? Anche qui corriamo il pericolo di semplificare troppo le spiegazioni, applicando dappertutto la stessa supposizione, concepita essa pure in modo troppo stretta e troppo concreta.

L'Orante, come rappresentazione dell'anima nell'al di là, si rappresenta soprattutto in due forme. Prima come ritratto dei defunti. Così vediamo famiglie intere dove il padre, la madre e i figli stanno insieme in atteggiamento di Orante. Parecchie di queste rappresentazioni sono di una bellezza squisita, e ritraggono vivamente il carattere dei defunti, come per es. l'immagine della così detta « Vergine consacrata » nella Catacomba di Priscilla. Altrove vediamo l'anima raffigurata come una Orante femminile, spoglia di carattere individuale. Ecco il punto dove sorgono subito le difficoltà di interpretazione. Rimane aperta la questione se in questa Orante si intenda una defunta o no. In molti casi non c'è dubbio che l'Orante non raffiguri un'anima determinata, specie quando viene ripetuta quale ornamento in una decorazione a volta, oppure quando sboccia come figura ornamentale da un grande fiore stilizzato, o si ripete alternativamente colla figura del Buon Pastore col quale è messa in intima relazione. Ambedue le figure sono qui chiaramente tolte dal mondo della realtà e messe nella sfera astratta del simbolismo. E' degno di nota che tali rappresentazioni sono tra le più antiche. Che cosa significa in tutti questi casi l'Orante? Prima di tutto è certo che non può significare un defunto determinato. Ma allora essa significa semplicemente il regno delle anime, salvate dal Pastore divino? Non si dimentichi quel che si è detto, che cioè l'Orante anche sui sarcofaghi è spesso messa in relazione col Buon Pastore, cosicchè giustamente si cerca un significato comune a tutte e due. Vi è chi ha pensato di vedere in essa una figura simbolica della Chiesa che sta di fronte allo sposo. Ma per ora sarebbe prematuro scegliere una di queste opinioni, dato che tuttora ci mancano delle speciali indagini scientifiche. Certo è tuttavia che la più antica ricerca di un De Rossi e di un Garrucci aveva senza dubbio ragione di cercare nell'arte paleocristiana una rappresentazione simbolica della Chiesa. Tale supposizione si basava su una conoscenza dei Padri, molto superiore della nostra. Difatti, nel tempo patristico la dottrina sulla Chiesa occupava sino da principio un posto di prim'ordine e godeva di una popolarità a noi oggi quasi incomprensibile. Non è quindi per niente da escludersi che quelle idee e concezioni religiose che a noi moderni sembrano astratte speculazioni di teologi, abbiano nei primi tempi trovato un'espressione tanto popolare quanto artistica.

L'Orante è una espressione dell'unione dei fedeli tra di loro nella Communio Sanctorum, ed è pure simbolo della fede in una vita migliore. Qualche volta le figure stesse sono accompagnate da espressioni di augurio per i defunti, ovvero i superstiti si raccomandano alle loro preghiere nel cielo. Ad ogni modo tra le iscrizioni sepolcrali abbiamo parecchi esempi che esprimono nella preghiera questa unione reciproca oltre la tomba. Così leggiamo in un'iscrizione nella Catacomba di Callisto, per citare almeno un esempio: « Attice, spiritus tuus, in bonu, ora pro parentibus tuis »[168]. Un'altra rappresentazione molto espressiva della Comunione dei Santi ci mostra i santi nell'atto di introdurre nel cielo i defunti. Su sarcofaghi e vetri dorati si vedono spesso gli stessi apostoli Pietro e Paolo che accompagnano il defunto e lo conducono al cielo. Un'altra immagine, bellissima, si trova nella catacomba di Domitilla. In mezzo sta una matrona di nome Veneranda in posizione di Orante. Essa si rivolge ad una vergine che le sta al lato, individuata col nome della martire Petronilla. A sinistra l'affresco è distrutto. Tuttavia si nota ancora bene che là stavano dei fiori quali simboli del paradiso. A destra in alto si vede un libro aperto e al di sotto una cassa piena di rotoli. Il senso è chiaro: la martire Petronilla sta accompagnando in paradiso la matrona Veneranda. Questo sentimento vivo dell'unione di tutti i cristiani tra di loro nella Communio Sanctorum non è che un aspetto speciale dell'intima e profonda coscienza di unione di tutti i fe-

---

[168] DIEHL, 2338.

deli nell'Unica Ecclesia. E' appunto questa coscienza dei cristiani che ci dà la chiave per potere capire un'altra rappresentazione prediletta, cioè l'adorazione dei Magi.

La storia dei Magi si vede rappresentata nella pittura e nella plastica 85 volte [169], perciò essa appartiene alle scene più importanti dell'arte paleocristiana. Ancora recentemente si è trovato negli scavi sotto le grotte di S. Pietro un grande coperchio di sarcofago che mostra al lato destro l'Adorazione dei Magi. Questa rappresentazione acquista speciale importanza per il fatto che dietro la sedia della Madonna come inquadratura sta una grande croce. Ecco di nuovo una prova che il contenuto di queste immagini non permette un'interpretazione superficiale. Su questo coperchio sono scolpiti tre Magi che rendono omaggio al bambino Gesù. Come si sa questa triade non si trova nella Sacra Scrittura, anche se sono indicate tre specie di doni. Così anche l'arte paleocristiana non vi si è sempre attenuta contentandosi talvolta per ragione di spazio di figurarli anche di meno, oppure per ragioni di simmetria di portarli a quattro. La più antica rappresentazione dei Magi, che risale almeno alla metà del secolo II°, si trova nella Cappella Greca delle Catacombe di Priscilla. Insieme essa ci dà la più antica immagine di Maria fino ad ora conosciuta. Si direbbe che il significato di questa rappresentazione non è esaurito dal solo racconto dell'Adorazione o dalla figura di Maria che nelle

---

[169] STYGER, *Grabeskunst*, p. 7.

Catacombe non si trova mai dipinta isolatamente bensì sempre in relazione col Figlio e la sua opera di redenzione.

Giova difatti ricordare un'altra celebre immagine della Madonna che sta nella stessa Catacomba e che, a quanto pare, risale alla fine del secolo II°. Di solito quest'immagine si interpreta come Maria santissima col profeta Isaia che predice il parto verginale della Madonna. Vediamo la Vergine seduta, col bambino al suo petto. Dinanzi a lei sta un uomo con la veste abituale dei filosofi che indica una stella brillante al di sopra della Madonna. Sotto l'aspetto artistico quest'immagine è una delle migliori delle catacombe. Il profeta ivi rappresentato non è Isaia, ma Balaam, come prova chiaramente la stella da lui indicata. Solo Balaam ha profetizzato la nascita del Redentore in relazione con la stella. « Una stella sorgerà da Giacobbe, uno scettro si leverà da Israel »[170]. Il profeta Balaam è conosciuto pure da altre pitture delle catacombe. Negli scritti dei Padri il profeta Balaam è della stirpe e professione dei magi che seguirono la stella, predetta dal Profeta. Ad esempio nella sua 15ª omelia sul Libro dei Numeri Origene dice chiaramente che i magi sono discendenti di Balaam, sia per una parentela diretta sia per la tradizione della loro professione[171]. Similmente leggiamo in altri Padri. Così S. Gerolamo nel suo commentario di S. Matteo dice: Per umiliare gli ebrei la stella sorge dall'oriente, affinchè il mondo conosca la na-

---

[170] Num. 24, 17.
[171] In Num. hom., XV, 4, Stählin, VII, 136.

scita di Cristo soltanto dai pagani, i quali come discendenti di Balaam la sapevano dalla sua profezia [172].

Questa relazione fra la stella, i magi e Balaam ci viene confermata ancora da una iscrizione sepolcrale di una certa Severa. Sulla parte destra è rappresentata l'adorazione dei magi. Dietro la sedia di Maria sta un profeta che indica la stella. E' il profeta Balaam, come ce l'hanno insegnato i Padri. Così si spiega meglio la Madonna, la stella e Balaam: essi appartengono alla rappresentazione dei magi. Ma donde viene questa predilezione per i magi? Non dimentichiamo che la festa dei magi, l'Epifania, è una delle feste più antiche della Chiesa e che in Oriente essa si festeggiava con maggiore solennità dello stesso Natale. Il perchè ce lo spiegherà forse S. Agostino in una predica di Epifania: « Costoro (i magi) erano le primizie dei pagani, noi (però) siamo il popolo dei pagani » [173]. La Ecclesia ex Gentibus ha esaltato in questa rappresentazione il suo titolo d'onore, le primizie dei pagani hanno adorato il Signore prima degli ebrei. Di qui la predilezione per Balaam, profeta dei pagani.

Non sarebbe strano se l'appartenenza alla Chiesa tanto profondamente sentita dagli antichi cristiani come pure le sue manifestazioni più solenni, non avessero lasciato traccia alcuna nell'arte paleocristiana? Certamente dovremmo cercare qualche spie-

---

[172] In Matth., I, in cap. 2, 2, ML 26, 26.
[173] Sermo 200, in Epiph. IV, c. 4, ML 38, 1028; 201, in Epiph. V, c. 3, ML 38, 1056.

gazione, se tra le molte immagini cristiane un avvenimento talmente fondamentale nella vita cristiana come il battesimo non occupasse un posto eminente. L'arte sepolcrale ce lo presenta invece nei modi più diversi. La più chiara rappresentazione è senza dubbio nel battesimo di un catecumeno come lo vediamo per es. in una delle così dette cappelle dei Sacramenti nella Catacomba di Callisto. Con preferenza si rappresenta il battezzando come bimbo, nonostante che si tratti di un adulto. Pare che vi entri una tradizione artistica, cioè di indicare la dignità delle persone attraverso le misure di altezza. Così troviamo spesso le persone guarite da Cristo in altezza molto minore della persona di Cristo stesso. La nostra immagine invece appare ispirata anche all'idea della rinascita, che Cristo stesso, parlando con Nicodemo, aveva già connessa col battesimo — idea in seguito tante volte inculcata da S. Paolo, e divenuta familiare ai cristiani. La piccola statura del battezzando accenna dunque alla rinascita sacramentale, oltrepassando con ciò di molto la rappresentazione realistica nel rito sensibile. Ma spesso troviamo in queste scene anche la colomba dello Spirito Santo che, secondo il racconto evangelico, apparve al battesimo del Signore. Non crediamo di sbagliare vedendo anche in questa rappresentazione della vita del Signore una allusione al sacramento del battesimo.

Inoltre ci sono ancora parecchie rappresentazioni simboliche del battesimo, come per es. le immagini di Mosè che fa scaturire l'acqua dalla roccia, e specialmente quelle di S. Pietro che si trovano assai spesso sui sarcofaghi e dove egli, come Mosè, fa sgorgare una fonte da una rupe. Non riferendosi però a nessun passo del Vangelo, quest'ultima rappresentazione di S. Pietro non è ancora chiarita. Pare che in ciò abbiano influito un po' gli apocrifi. Però sarà abbastanza difficile fissare la natura di questi rapporti e stabilire dove se ne debba cercare l'origine. Solo da accurati e minuziosi studi speciali potranno maturare ulteriori risultati. Quanto sappiamo finora dello spirito dell'arte paleocristiana ci fa pensare che il simbolismo sia stato molto più diffuso di quello che finora si è creduto.

Come già è stato accennato, al ciclo simbolico delle rappresentazioni battesimali appartiene anche il pesce il cui elemento vitale è l'acqua. Eppure l'immagine del pesce, tanto popolare nell'antichità cristiana, riceve il significato più profondo quale simbolo non del battesimo, bensì dell'Eucaristia, e in modo particolare di Cristo stesso, che si offre quale cibo sacramentale. Una testimonianza classica di ciò la troviamo nell'iscrizione di Abercio, che risale alla fine del secolo II°; scoperta nel 1883 dall'archeologo inglese W. Ramsey nell'Asia minore. Offerta in omaggio al papa Leone XIII dal Sultano nel 1892, oggi si trova nel Museo Lateranense.

Abercio, ricco cittadino della Frigia, ci dice in questa iscrizione, redatta in esametri greci, che egli è « un discepolo del casto pastore, il quale ha occhi grandi che vedono tutto ». Questi gli ha insegnato le scritture fedeli, e lo ha mandato a viaggiare lontano fino a Roma. « Colà vidi un popolo che ha un sigillo splendido (sphragìs-sigillo è l'espressione corrente per il battesimo). Dappertutto trovai compagni di via ». « Pistis (la fede) mi precedeva dovunque e dappertutto mi somministrava in alimento un pesce dalla fonte, assai grande e mondo, che una casta vergine aveva preso. E questo porgeva sempre a mangiare agli amici, avendo un vino eccellente e dandolo misto con acqua insieme col pane ».

Senza dubbio si riconosce in ciò la descrizione dell'Eucarestia. I fedeli ricevono come cibo continuamente del vino mescolato con acqua e pane, ma la fede loro insegna che qui si tratta del « pesce grande e mondo » cioè del Cristo nato dalla Vergine.

Nelle già menzionate cappelle dei Sacramenti in S. Callisto troviamo un'immagine di un uomo, vestito da filosofo, che stende le mani sopra un tripode sul quale vediamo un pesce e un pane. A destra una donna alza le mani in preghiera. Senza alcun dubbio si tratta qui dell'Eucarestia. Se però l'uomo che stende le mani benedicenti sia Cristo o piuttosto il sacerdote consacrante pane e vino, non lo vogliamo decidere. Certo è che pesce e pane sono simboli dell'Eucarestia. Sicuro è pure che la tavola nell'antichità cristiana serviva normalmente da altare, cosicchè l'altare viene chiamato semplicemente « tavola ». E ciò è rimasto fino ad oggi nella designazione di mensa per la lastra dell'altare. Una rappresentazione simile troviamo nell'affresco a volta nelle catacombe di Callisto dove si vede un pesce su una tavola quasi identica con sette cesti di pane ai lati.

Pare che queste due ultime immagini risalgano

all'inizio del secolo III°, o addirittura alla fine del II°. I panieri alludono al miracolo della seconda moltiplicazione del pane in cui i discepoli portarono al Signore sette pani e alcuni pesciolini, di cui alla fine rimasero sette panieri pieni di avanzi.

Più o meno allo stesso tempo appartengono anche le due immagini eucaristiche della regione detta di Lucina in S. Callisto. A destra e a sinistra della parte centrale, che è andata perduta, si vede dipinto un grande pesce con un paniere e in mezzo al paniere si vede una macchia rossa che si suole interpretare quale specie eucaristica di vino. Qualunque sia l'interpretazione, il significato eucaristico di tutta la rappresentazione non può essere messo in dubbio.

All'ambito delle rappresentazioni eucaristiche appartengono certamente anche le scene di banchetto usate nell'arte pagana e assai numerose nella pittura catacombale. Solo che qui si fondono spesso vari concetti che talvolta rendono difficile per noi il distinguere le singole rappresentazioni. Alcune di queste concezioni riguardanti la nostra questione sono: il banchetto eucaristico in senso vero e proprio; poi il banchetto funerario che occupava un posto importante nella vita antica, e finalmente il banchetto celeste dei beati.

A queste concezioni fondamentali che bisogna tenere ben presenti per spiegare le relative immagini, si aggiunge ancora la miracolosa moltiplicazione dei pani con i pesci ed i panieri.

Più facilmente si distinguerà talvolta e si potrà

determinare tra queste immagini intrecciate il banchetto dei beati. Nella catacomba dei SS. Pietro e Marcellino troviamo due scene in cui i beati invitano Agape e Irene come se fossero serve celesti. « IRENE DA CALDA AGAPE MISCE MI » (accenni all'usanza antica di amministrare il vino misto con acqua calda). « Agape » e « Irene » sono espressioni della beatitudine del cielo come « Pax » e « in Christo ».

Sulle immagini dove appaiono i sette panieri coi pesci, l'interpretazione eucaristica sembra assai ovvia, eppure sarà difficile provarla nelle singole rappresentazioni, data la parentela reciproca tra le singole scene.

La scena della Cappella Greca, scoperta dal Wilpert e chiamata da lui « Fractio panis », è la più celebre e, probabilmente, anche la più antica.

Resta il matrimonio, per accennare brevemente ad un terzo sacramento, rappresentato nell'arte sepolcrale della Chiesa primeva. Poche, in verità, sono le rappresentazioni e soltanto su sarcofaghi. E' strano che vi entri talvolta la Giunone Pronuba, figura tipicamente pagana. Ma in altre scene essa venne sostituita da Cristo stesso. Su un frammento della Villa Albani si vede Cristo che tiene nelle mani due corone sopra la testa degli sposi che si danno la destra. Sul grande sarcofago di Flavio Giulio Catervio e di Settimia Severa nella Cattedrale di Tolentino, appare sopra i due sposi la mano di Dio che porge la corona. In un'iscrizione del sarcofago leggiamo espressamente: « Uguali per merito, li congiunse in

17 — HERTLING-KIRSCHBAUM. - *Le Catacombe*.

dolce matrimonio il Signore onnipotente »[174]. Nella Catacomba di Priscilla si trova il già menzionato affresco della cosiddetta « Vergine consacrata ». Anche esso viene interpretato da molti archeologi come matrimonio cristiano. Di nuovo uno dei molti casi, in cui è assai difficile dare una sicura interpretazione.

Abbiamo iniziato le nostre considerazioni sul Credo delle catacombe con la figura più importante, cioè col Divin Pastore. Le vogliamo chiudere con uno sguardo sulla seconda figura più importante dell'arte funeraria paleocristiana, con Pietro. E' addirittura sorprendente la constatazione, quanto spicchi la figura del principe degli apostoli nell'arte della Chiesa nascente, donde risulta a ragione la grande importanza di Pietro nella vita di fede dei primi secoli cristiani. Alcune immagini e soprattutto i bassorilievi dei sarcofaghi ci ricordano la sua negazione, la consegna delle chiavi, la liberazione dal carcere, la risurrezione di Tabitha, e il cammino al supplizio. Accanto a queste scene della vita di Pietro vi sono altre immagini ispirate dagli Atti Apocrifi di Pietro come probabilmente il miracolo della fonte, la sua fuga e la guarigione di sua figlia. Inoltre egli ci appare ancora spesso insieme con Paolo, compagno di Cristo o di un'anima da introdurre in paradiso. Secondo gli studi del Wilpert egli viene raffigurato anche come pescatore e pastore. Il Wilpert conta 27 scene diverse oltre le immagini apocrife e calcola il numero

---

[174] WILPERT, *Sarcofaghi*. I, p. 90.

completo delle rappresentazioni di Pietro a più di 300 [175].

Qualunque sia il numero preciso e la verità delle scene contenenti Pietro nell'arte paleocristiana, la frequenza viene superata soltanto dal ciclo delle rappresentazioni di Cristo. La più frequente di tutte le scene con Pietro, inferiore in numero soltanto a quella del Buon Pastore, è il cosiddetto miracolo della fonte. Lo Styger lo trova in 26 pitture e in 120 sculture [176]. Nell'interpretazione gli autori non vanno di accordo. Wilpert vede in quella scena il battesimo di Cornelio, altri invece, come lo Styger, pensano al battesimo dei martiri Processo e Martiniano che secondo la leggenda erano i custodi di S. Pietro nel carcere Mamertino ed ivi furono battezzati da lui. Comunque sia, non bisogna dimenticare un parallelismo col miracolo della fonte di Mosè. Questo parallelismo non consiste soltanto in una pura analogia a Mosè, ma piuttosto in una equiposizione delle persone. Su un affresco delle catacombe di Callisto vediamo a sinistra Mosè che scioglie i sandali, e a destra sulla stessa immagine Pietro fa scaturire l'acqua dalla roccia. Essendo rappresentato Mosè sempre imberbe e Pietro sempre barbuto, non possiamo dubitare dello scambio delle persone. Questo parallelismo di Mosè-Pietro ritorna ancora in un altro gruppo di immagini, cioè nella doppia consegna della legge. Mosè riceve la legge e Pietro la riceve. L'ul-

---

[175] WILPERT, *La fede della Chiesa nascente secondo i monumenti dell'arte funeraria antica* (Roma, 1938) p. 146.
[176] STYGER, *Grabeskunst*, p. 8.

tima scena è assai frequente e secondo l'iscrizione che si trova talvolta sul rotolo, consegnato da Cristo a Pietro, vien intitolata « Dominus legem dat ». Pietro riceve la legge di solito con le mani velate. Precisamente così vediamo rappresentata su uno scudo argenteo dell'imperatore Teodosio la consegna dei pieni poteri ad un nuovo prefetto di provincia che doveva amministrare questa parte del regno in nome dell'imperatore. Teodosio sta seduto sul trono e consegna la legge che il funzionario riceve con le mani velate. Questo era il rito quando l'imperatore mandava un nuovo prefetto [177]. Il significato della consegna della legge è uno solo. A Pietro Cristo affida la custodia della legge e l'amministrazione del regno. Solo Pietro riceve la legge, quasi mai Paolo. Questa posizione speciale di Pietro nella consegna della legge corrisponde perfettamente alla posizione di Mosè nella scena analoga. Il parallelismo Mosè-Pietro esiste dunque indiscutibilmente nell'arte paleocristiana. Anche se la forma è diversa, il senso non può essere che uno solo. Come nell'antico Testamento Iddio affidò a Mosè la direzione del suo popolo, così nel Nuovo costituisce Pietro capo e guida del popolo eletto.

Per raggiungere interamente lo scopo del nostro tema dovremmo girare ancora per ore e ore nelle catacombe, poichè non tutti i pensieri del Credo delle catacombe sono stati menzionati. Molto abbiamo lasciato, come per es. la remissione dei peccati, e il giudizio universale, altri soggetti sono stati appena

---

[177] WILPERT, *Sarcofaghi*, I, p. 173.

accennati. Altri ve ne sono finalmente appartenenti al Credo paleocristiano che non si trovano nelle catacombe, essendo queste soltanto dei cimiteri.

Tuttavia quanto abbiamo detto basta per affermare il principio da noi enunciato all'inizio di questo capitolo, cioè che il Credo dei primi cristiani è quello stesso vissuto oggi da noi cristiani.

Christus heri, hodie et semper!

INDICE

Prefazione V
Introduzione VII
Spiegazione delle Illustrazioni XI

1. L'Esplorazione delle Catacombe 1
2. I Cimiteri 19
3. Le Tombe dei Papi 45
4. I Sepolcri dei Martiri 61
5. Le Tombe degli Apostoli 83
6. Le Persecuzioni 113
7. La Via dei Martiri 139
8. L'Eucarestia 159
9. Il Battesimo 173
10. Il Popolo di Dio 185
11. L'Arte delle Catacombe 213
12. Il Credo delle Catacombe 239

Riproduzione anastatica: 29 novembre 1996
Tipografia Poliglotta della Pontificia Università Gregoriana
Piazza della Pilotta, 4 – 00187 Roma

Della stessa editrice

Miscellanea Historiae Pontificiae

57. Dumitriu - Snagov, Jon: *Le Saint-Siège et la Roumanie Moderne (1866-1914).*
 1989, pp. XXVI-1028. Lit. 87.000

58. Martina, Giacomo: *Pio IX (1867-1878).*
 1990, pp. XII-614. Lit. 55.000
 Con i volumi MHP 38 e 51. Lit. 128.000

59. Fornili, Carlo C.: *Delinquenti e carcerati a Roma alla metà del '600.*
 1991, pp. XXXIV-286 + 16 tavole. Lit. 40.000

60. Cipollone, Giulio: *Cristianità-Islam. Cattività e liberazione in nome di Dio. Il tempo di Innocenzo III dopo il 1187.* 1ª ristampa.
 1996, pp. XXXIV-554 + 8 tavole. Lit. 80.000

61. Vacca, Salvatore: *Prima Sedes a nemime iudicatur. Genesi e sviluppo storico dell'assioma fino al Decreto di Graziano.*
 1993, pp. XXII-270. Lit. 36.000

62. Rota, Livio: *Le nomine vescovili e cardinalizie in Francia alla fine del sec. XIX.*
 1996, pp. XXVIII-372. Lit. 50.000

Ordini e pagamenti a:

AMMINASTRAZIONE PUBBLICAZIONI PUG/PIB

Piazza della Pilotta, 35 – 00187 Roma – Italia
Tel. 06/678.15.67 – Fax 06/678.05.88 : Conto Corrente Postale n. 34903005
Monte dei Paschi di Siena – Sede di Roma – c/c n. 54795.37